Christian Mehis

Die Grundidee des Hermes vom Standpunkte der vergleichenden Mythologie

Christian Mehis

Die Grundidee des Hermes vom Standpunkte der vergleichenden Mythologie

ISBN/EAN: 9783743660885

Hergestellt in Europa, USA, Kanada, Australien, Japan

Cover: Foto ©ninafisch / pixelio.de

Weitere Bücher finden Sie auf **www.hansebooks.com**

DIE
GRUNDIDEE DES HERMES

VOM

STANDPUNKTE DER VERGLEICHENDEN MYTHOLOGIE.

Inaugural-Dissertation

der philosophischen Facultät

zu **Erlangen**

vorgelegt

von

Christian Mehlis,
k. b. Studienlehrer.

Erlangen, 1875.
Druck der Universitäts-Buchdruckerei von E. Th. Jacob.

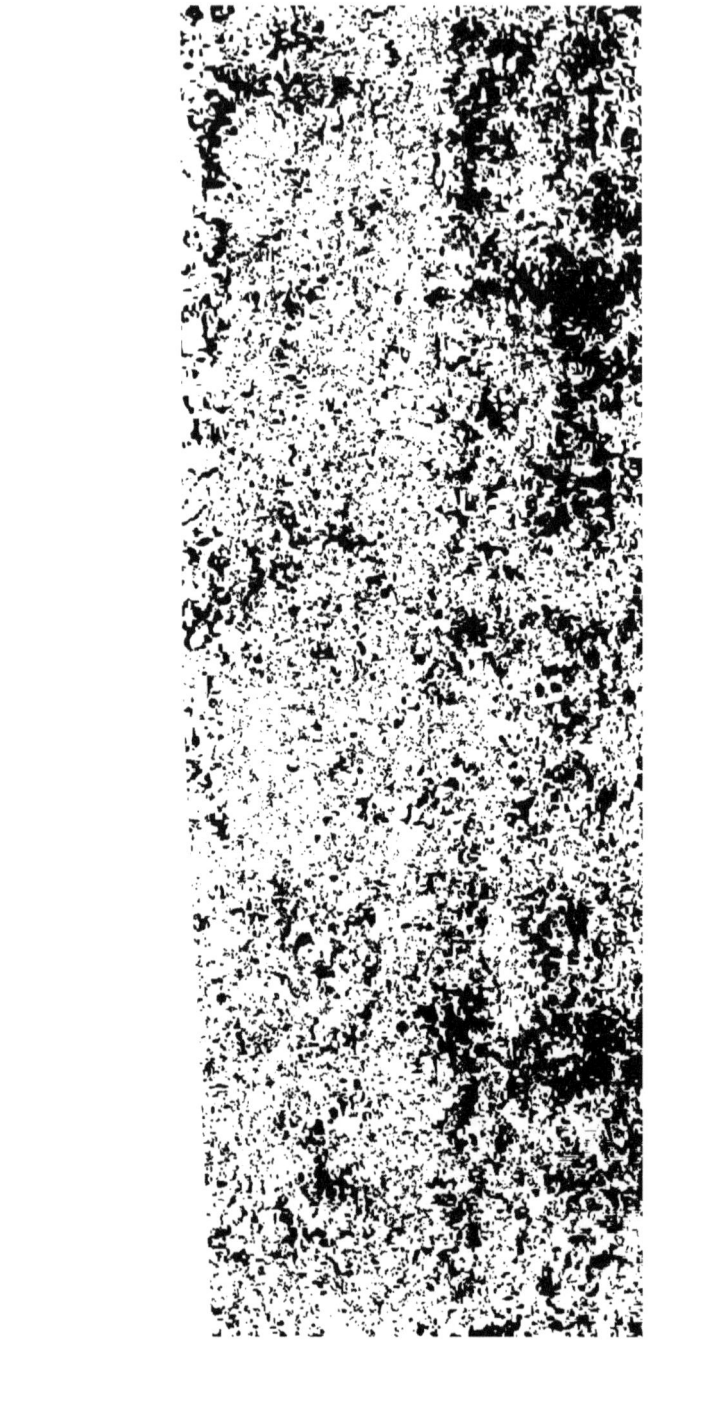

DIE
GRUNDIDEE DES HERMES

VOM

STANDPUNKTE DER VERGLEICHENDEN MYTHOLOGIE.

Inaugural-Dissertation

der philosophischen Facultät

zu **Erlangen**

vorgelegt

von

Christian Mehlis,

k. b. Studienlehrer.

Erlangen, 1875.
Druck der Universitäts-Buchdruckerei von E. Th. Jacob.

Vorwort.

Angeregt durch die Schriften Max Müller's erlaubt sich der Verfasser hiemit den Versuch einer von den Beinamen des Hermes ausgehenden Erklärung der Grundidee desselben zu veröffentlichen. Nach der Absicht des Verfassers sollen sich hieran weitere Untersuchungen schliessen über die Beziehungen des Hermes zu den Gottheiten bei Römern, Celten und Germanen, die man gewöhnlich mit ihm identificirt, und über die Frage, welche Gestalten der Mythologie bei diesen Völkern seinem Wesen wirklich entsprechen.

Bei der Schwierigkeit der Beschaffung der Quellen an kleinen Orten ist er genöthigt von vorn herein zu gestehen, dass ihm manche Hülfsmittel erst später oder gar nicht zugänglich wurden, doch wird es sein Bestreben sein im weiteren Verlaufe der Arbeit das vorhandene Material in vollständigerer Weise beizuschaffen. Die Trockenheit der Namen glaubte er nicht durch Breite der Form vergrössern zu dürfen, daher wählte er womöglich den kürzesten Ausdruck.

Hersbruck, im August 1873.

Der Verfasser.

Einleitung.

Wenn bei irgend einer griechischen Gottheit die Eruirung des Grundbegriffes Schwierigkeiten macht, so kann die Untersuchung der ursprünglichen Auffassung des Gottes Hermes dieses als Entschuldigung für sich in Anspruch nehmen. Die meisten griechischen Gottheiten haben, wenn sie auch mit der wachsenden Cultur auf übersinnlichen Standpunkt erhoben wurden, wenn sie auch mehr oder minder nicht nur durch die Darstellungen, sondern durch die Ideen, die sich in der Vorstellung in ihnen verkörperten, idealisirt wurden, doch im Ganzen nur an wenigen Punkten den Rayon überschritten, der ihnen von Anfang an zukam. Wie ein sinnliches Wort zum übersinnlichen geworden immer noch, gewöhnlich deutlich, die Abstammung an der Stirn trägt, so ist auch der Stempel des Ursprungs Göttern wie Zeus, Ares, Hephaestos, Hestia zu deutlich aufgedrückt, als dass man im Ganzen über die ihnen adäquate Grundidee zweifelhaft sein könnte.

Anders bei Hermes, der in allen drei Reichen waltet, der in alle Branchen des menschlichen Lebens und Treibens als wirkender Faktor eingreift. Bei dieser Vielseitigkeit ist die Klarlegung des Grundbegriffes, der uns das ursprüngliche Verhältniss des Hermes zu den andern Gottheiten zeigte und eine Vergleichung mit ähnlichen Gottesideen bei den übrigen indogermanischen Völkern ermöglichte, um so schwieriger, da uns auch die Kunstsymbole und die Kunstdarstellungen, deren Formen ja ebenfalls durch den verschiedenen Charakter des Hermes bedingt waren, keine sicheren Kriterien bieten können. Was die eigentlichen Mythen betrifft, so ist es ebenfalls unthunlich, sie zum Hauptausgangspunkt zu machen: ihr Alter, der Ort ihrer Entstehung, ihre ursprüngliche Beziehung bieten dieselben

Schwierigkeiten, wie die verschiedenen Funktionen des Gottes und seine vielen Symbole.

Was schliesslich die überlieferten Cultusgebräuche anbelangt, so war
1) der Gottesdienst des Hermes auf gewisse einzelne Erscheinungsformen desselben beschränkt,
2) sind auch bei diesen verhältnissmässig wenigen Cultusgebräuchen so verschiedene, also unsichere Ausdeutungen möglich, dass wir auch auf diese uns nicht stützen können.

Wir hätten damit so ziemlich das Repertoire der Ableitungskategorieen erschöpft; doch ein Gebiet bleibt uns. Wie die vergleichende Mythologie aus der comparativen Sprachwissenschaft sich entwickelte, so muss auch gegenwärtig jede mythologische Forschung mit den Erscheinungen der Sprache im Mythus, d. h. mit den mythologischen Namen rechnen.

Diese Ansicht war schon vor dem Hauptvertreter und Gründer der vergleichenden Mythologie, vor Max Müller, vertreten durch den Mann, der mit ahnendem Geiste die künftigen Entwicklungsformen der Mythologie andeutete: diese Idee sprach zuerst Otfried Müller aus in seinen prolegomena zu einer wissenschaftlichen Mythologie.

Er sagt dort p. 285: „die Namen sind grösstentheils mit den Mythen zugleich geworden und haben eine eben so nationale, als lokale Entstehung."

„Dass die Etymologie ein Haupthilfsmittel zur Erklärung der Mythen ist, möchte schwerlich bezweifelt werden können."

Die That liess dann dem Gedanken Welcker folgen, der in den Namen die einzig sicheren Kriterien für die Bedeutung sah, von der Ueberzeugung ausgehend, dass das Natursystem der griechischen Mythologie besonders noch in den Namen erhalten sei, die bei Homer schon als Reste einer früheren Welt erscheinen, aber alle Hauptobjekte der Naturreligionen und die Haupteigenschaften des göttlichen Wesens darlegen; Namenerklärung sei desshalb ein Hauptgeschäft für den Mythologen. Cf. proleg. p. 340. Er musste aber mit seinen Ideen sich noch auf die griechische Sprache beschränken. Seit Ausbildung der vergleichenden Sprachwissenschaft sind wir aber in den Stand gesetzt, die verdunkelten Namen der Mythologie, die eben durch ihre Verdunklung theilweise zu Eigennamen wurden (proleg. p. 288), durch die von verschiedenen Sprachen ausgehenden Strahlen zu beleuchten. Gibt die eine Sprache nicht die Wurzel, so ist sie zu erschliessen aus der andern, so dass alle mythologischen Deutungen nicht blos auf einer gesunden etymologischen Basis beruhen müssen, und keine Auslegung irgend welcher Mythe berücksichtigt werden kann, die sich nicht auf eine sorgfältige Analyse des Namens der Hauptpersonen gründet (cf. M. Müller Essays II. 141), sondern jede Mythusdeutung erst dann wahrscheinlich wird, wenn wir in verwandten Mythologieen analoge und identische Namen- und Mythenbildungen gefunden haben.

Wir betrachten desshalb die Resultate der vergleichenden Sprachwissenschaft als einen Hauptfaktor für die Wahrscheinlichkeit eines richtigen Resultates bei der Erklärung irgend eines mythologischen Begriffes.

Durch diese Vergleichung, die sich auf Namens- und Begriffscoincidenz gründet und die allein durch Specialuntersuchungen gefördert werden kann (cf. proleg. p. 218, Ares von H. D. Müller, Vorrede p. 1), kann dann auf inductivem Wege allein die Wissenschaft der vergleichenden Mythologie und Religion gefördert werden. Einen Versuch, diesen Zweck zu fördern, sollen die folgenden Seiten vorstellen, welche vom Hermes handeln.

Freilich die Interpretation eines Namens gibt auch von sprachvergleichender Basis aus noch zu wenig Wahrscheinlichkeit für die sichere Erklärung eines mythologischen Begriffes, zumal da viele von den so gefundenen Wurzeln einen viel zu allgemeinen Bedeutungscharakter an sich tragen, als dass man dadurch das specifische Wesen eines Gottes erkennen könnte.

Aber wie die Sprache für die meisten Gegenstände eine grössere Anzahl von Namen hat, so steht uns auch für die einzelnen mythologischen Begriffe ein ganzer Kreis von Bezeichnungen zu Gebote, die wir Beinamen, Attribute, Epitheta nennen. Wie aber ferner im Kampf ums Dasein ein Individuum, eine Spezies über die andere aus verschiedenen Gründen die Oberhand gewinnt, wie eine Sprache auf die andere einen gewissen Druck ausübt, der zur Unterdrückung, ja Vernichtung derselben führen kann (cf. Schleicher's Sendschreiben an Häckel über den Darwinismus), so gewinnt nothwendigerweise auch in der Mythologie einer von den vielen ursprünglichen Namen die Hegemonie, die Präponderanz, während die andern veralten, unverständlich und missdeutet werden, endlich absterben. Wie schwächeren Individuen, Spezies, Racen, Sprachen, ergeht es auch mythologischen Namen im Kampf um das Dasein (cf. M. Müller, Essays II. p. 145). Diese ursprünglich im Rang und im Gebrauch einander gleichstehenden Namen sinken also zu blossen — oft, wenn sie verdunkelt sind, nur phraseologisch gebrauchten — Beinamen, in adjectivischer Form zu Epitheten herab. In der epischen Volksdichtung, die ihrer Natur nach das alt-ehrwürdige conservirt, werden diese Beinamen und Epitheta stereotyp gebraucht. Die Form derselben bleibt in dieser Poësie entweder unverändert oder sie werden, wenn ein bekanntes anderes Wort lautlich nahe liegt, lautlich und begrifflich mit jenem des besseren Verständnisses wegen identificirt, d. h. der Beiname wird missdeutet. Es ist ganz dieselbe Wandlung, die auf dem Gebiet der Ortsnamen nach der Besetzung des linken Rheinufers durch die Germanen vor sich ging, wornach aus Lupodunum ein Ladenburg entstand. (Cf. Badisches Archiv von Mone I. p. 230 f., unten ἐριούνιος, Curtius, Grundzüge p. 642).

Die epische griechische Volksdichtung ist uns bekanntlich hauptsächlich in den Homerischen Gedichten, dann den Hymnen und bei Hesiod erhalten; von den Beinamen und Prädikaten, die Hermes in diesen Dichtungen trägt, haben wir also bei Eruirung der Grundidee des Gottes vor allem auszugehen (über die nothwendige Priorität der Poësie vor der Kunst cf. Otfried Müller, Archäologie der Kunst §. 65).

Wie das Wesen dieser Grundidee beschaffen sein muss, können wir aus der analogen Entwicklung der Sprachwurzeln a priori entnehmen: die Grundidee muss vom Sinnlichen ausgehen, erst später entwickelt sich die mythologische Metapher. M. Müller, E. II. p. 136 sagt:

„Alle Wörter, die eine abstrakte Eigenschaft ausdrücken, hatten ursprünglich eine materielle Bedeutung; auch gibt es in der alten mythologischen Sprache keine abstrakte Gottheit, die sich nicht mit ihrer Wurzel an den Boden der Natur klammert."

Von vorn herein müssen wir desshalb die Erklärung Welcker's für Hermes „lebendiger Umschwung des Himmels" etc., J. Grimm's für Wodan „alldurchdringende, schaffende und bildende Kraft," weil zu abstrakt und für einen so ursprünglichen Begriff zu modern, ablehnen (cf. M. Müller, E. II. p. 136. Tylor, „Anfänge der Cultur" II. 270).

Wir gehen also von den folgenden besprochenen Postulaten aus:
1) Die Etymologie der mythologischen Namen vom sprachvergleichenden Standpunkte aus ist das sicherste Kriterium für den richtigen Begriff einer Gottheit bei der Unsicherheit der übrigen mythologischen Kategorieen.

2) Die Auffindung verwandter Namen, Begriffe, mythologischer Entwicklungen bei den anderen indogermanischen Völkern unterstützt die Wahrscheinlichkeit, dass man den richtigen Begriff gefunden habe. Parallelen bei andern nichtarischen Völkern, wie bei den Aegyptiern, sind analoge, aber nicht erklärende Erscheinungen, die ihren Platz in einer allgemeinen vergleichenden Mythologie erhalten müssen.

3) Nicht die Hauptnamen allein, sondern alle Beinamen und Epitheta sind in Betracht zu ziehen — im Besonderen die verdunkelten Beinamen, die selbst ursprünglich Eigennamen waren, zu untersuchen —, wenn das Resultat ein annähernd richtiges werden soll.

4) In besondere Erwägung sind die Namen bei Homer, Hesiod, in den Hymnen zu ziehen.

5) Die alten Namen müssen alle vom Sinnlichen ausgehen.

6) Die Namen sind also als primäre Basis, als secundäre sind Symbole, Kunstdarstellungen, mythologische Beziehungen, Cultusgebräuche zu betrachten und zwar stets wo möglich die ältesten.

Haben wir auf Grund aller dieser mythologischen Beziehungen den Grundbegriff des Hermes eruirt, dann können wir daran gehen bei den andern indogermanischen Völkern, bei Römern, Kelten, Germanen der Entwicklung dieser Idee nachzugehen und zu untersuchen, in wie weit die gewöhnliche Identificirung des Hermes mit Gottheiten bei diesen Völkern auf mythologischer Wahrheit beruht.

In vorliegender Abtheilung wollen wir jedoch nur die Namen des Hermes betrachten, und der Werth der Arbeit soll nicht nur im Untersuchen einzelner etymologischer Namen bestehen, sondern in der von dem soeben bestimmten Gesichtspunkte aus unternommenen Betrachtung aller vorkommenden Namen und Epitheta des Hermes, die eine fortlaufende Kette bilden müssen, woraus sich dann erst mit Wahrscheinlichkeit ein Schluss auf die ursprüngliche Idee des H. und seine mythologische Entwicklung ziehen lässt.

Quellen und Hülfsmittel.

Was den Gebrauch unserer Hauptquellen betrifft, bemerken wir von alten Classikern vorzugsweise (in den Klammern steht die im Text gewöhnlich gebrauchte Abbreviatur):

Homer, (Il. = Ilias, Od. = Odyssee), die homerischen Hymnen (= H., H. H. = Hymnus auf Hermes), Hesiod, (= Hs., Th. = Theogonie, Op. = Werke u. Tage), Apollodori bibliotheca (= Apoll. Ap.), Pausanias (= P.), Aeschylus (= Aesch.), Sophocles (= Soph.), Euripides (= Eur.), Herodot (= Her.), Pindar (= Pn.), Demosthenes (= Dem.), Hesychius (= Hes.), Horatius (= Hor.). Andere selten citirte Schriftsteller sind in ausführlicherer Weise bezeichnet. Die Citate sind hauptsächlich den teubnerischen Textausgaben entlehnt.

Von anderen Hülfsmitteln wurden vorzugsweise benützt:

Pape, griech.-deutsch. Wörterbuch. 2. Auflage.
Pape, griechische Eigennamen, 3. A. von Benseler. (= Pape).
Weigand, deutsches Wörterbuch, 3. A. von Schmitthener.
G. Curtius, Grundzüge der griechischen Etymologie, 3. A. (= C.)
G. Curtius, griechische Literaturgeschichte. Vorlesungen im Wintersemester 1869/70 vom Verfasser gehört.
E. Curtius, griechische Geschichte, 3. A.
M. Müller, Vorlesungen über die Wissenschaft der Sprache, übersetzt von Böttger, 2 B. (= M. Müller L.)
M. Müller, Essays, 3 B. autorisirte deutsche Ausgabe (= M. Müller E.)
Gerhard, griechische Mythologie, 2 B. (= G. M.)
Preller,   »   »   3. A. von Plew (= Prell. gr. M.)
Preller, römische Mythologie, 1. A. (= Prell. r. M.)
J. Grimm, deutsche Mythologie, 2. A. (= Grimm d. M.)
A. Schleicher, die deutsche Sprache.
Nägelsbach, homerische Theologie, 1. A.

Schömann, griechische Alterthümer, 1. B. 3. A., 2. B. 2. A. (= Schöm. gr. A.)

Iwan Müller, über Religion und Cultus der Griechen. Vorlesungen vom Verfasser im Wintersemester 1867/68 gehört.

Welcker, griechische Götterlehre (wurde mir erst zugänglich nach Vollendung der Arbeit; die Citate sind aus dritter Quelle).

Otfried Müller, Archäologie der Kunst, 1. A. (O. Müller. A.)
»   »   prolegomena. (= O. Müller. prol.)
»   »   Geschichte griechischer Literatur, 2. A. (= O. Müller Lit.)

Dorfmüller, Grundidee des Gottes Hermes, 2 Abtheilungen (= Dorfm. I. u. II.); zwar manch gutes Material enthaltend, doch in einseitiger Auffassung, basirend auf ägyptischer Mythologie, geschrieben.

Gerhard, Hermenbilder auf griechischen Vasen. (= Gerh. Vas.)

Tylor, Anfänge der Cultur, 1873, übersetzt von Spengel u. Poske. 2 B. (= Tylor.)

Ares von H. D. Müller, 1848.

A. Bastian, das Beständige in den Menschenrassen.

Hartmann, Philosophie des Unbewussten, 5. A.

Von Zeitschriften:

Philologus (= Phil.)

Zeitschrift für deutsches Alterthum von Haupt (= Haupt Z.)

Beiträge zur vergleichenden Sprachforschung von Kuhn u. Schleicher.

Beilagen zur allgemeinen Zeitung (= Beil. zur Allg.)

Ausland.

Andere selten gebrauchte Schriften sind unten im Texte angegeben.

Ausser dem Gleichheitszeichen = wurde auch das Aehnlichkeitszeichen ∽ bei etymologischen Gleichungen eingeführt.

Andere Abkürzungen, wie Hermes = H. etc., ergeben sich leicht von selbst.

I. Abschnitt.

Beinamen des Hermes.

1. Allgemeine Beinamen, welche H. (= Hermes) als Segensgott bezeichnen:
ἐριούνιος, ἐριούνης, δώτωρ ἐάων, ἀκάκητα (nach Aristarch; nach anderen ἀκακῆτα, cf. Herodian ed. Lentz), ἀκακήσιος, σῶκος, εὔκολος, χαριδώτης, ἐριχθόνιος.
   a. ἐριούνιος od. ἐριούνης (Il. 20. 34. Od. 8. 322. Il. 24. 360.) der stehende Beiname des Hermes b. Homer und in den Hymnen nach der gewöhnlichen Ableitung von ἔρι u. ον der W. (= Wurzel) in ὀνί-νη-μι (cf. C. p. 300. 677).
   b. δώτωρ ἐάων (ἐάων von ἐΰς gut cf. C. p. 351.) H. H. 18. 12. 29. 8. Od. 8. 335. „Geber des Guten".
   c. ἀκάκητα, nach Döderlein hom. Glossar 1. 132 von ἀκεῖσθαι heilen, also „der Heiland"; diese Ableitung unterstützt auch Curtius p. 631. nach Andern von α privativum u. κακ-ός. Il. 16. 185. Od. 24. 10.
   ἀκακήσιος P. 8. 36. 6. von der Stadt Akakesion. Der Name soll von Akakos dem Erzieher des Hermes herkommen; der später erfundene Eigenname soll hier offenbar den Beinamen erklären.
   (Call. H. Dian. 143 (ed. O. Schneider) scheint nicht ἀπακήσιος, sondern ἀκακήσιος gelesen werden zu müssen; ἀπακήσιος kommt sonst nicht vor.)
   d. σῶκος nach C. p. 353 zur W. in σάο-ς gehörig, ∾ σωτήρ Retter.
   (Plew bei Preller gr. M. I. p. 320 bringt es in Verbindung mit σωκέω kräftig sein; was davon abgeleitet ist.)

e. εὔκολος bei Hes. (= Hesychius): vielleicht mit dem Wt. (= Worte) εὔκηλος zusammenzustellen, als eine Ableitung von der W. Fεκ „willig". C. p. 130. Plat. rep. 333. a. mit ἐπιεικής zusammengestellt.

f. χαριδώτης: H. H. 17. 12. gewöhnlich von χάρις Gunst, abgeleitet, „Gunstverleiher" etc.; je nach den verschiedenen Bedeutungen von χάρις auszulegen; cf. unten No. 12.

g. ἐριχθόνιος: Pr. g. M. 164. C. p. 138 übersetzt es mit „Gutland". Beiname der segenspendenden Götter.

2) Spezieller Gott der (ländlichen) Fruchtbarkeit: κουροτρόφος, παιδοκόρης, ἐπιθαλαμίτης, αὐξίδημος, κριοφόρος, Τροφώνιος, πολύγιος.

a. κουροτρόφος, Pfleger des Arkas, Heracles, Dionysos, als solcher dann auch in Gymnasien und Palästren verehrt. P. 8. 39. 6. nach P. 1. 2. 5. führte nach Hermes in Athen ein Gymnasium seinen Namen.

b. παιδοκόρης nach Hes. Beiname d. H. bei den Metapontiern. „Kinderscheerer", weil den Kindern in der Pubertät die Haare geschoren wurden; cf. C. p. 142.

c. ἐπιθαλαμίτης u. αὐξίδημος Beinamen d. H. nach Hes. auf Euboea. Die Bedeutung von αὐξίδημος „Mehrer des Volks" ist klar, bei ἐπιθαλαμίτης fragt es sich, ob von θάλαμος Brautgemach abzuleiten (Benseler: „Hochzeiter") oder zu θαλαμίτης „Ruderer" zu ziehen; im 2. Falle würde es sich wie θαλάσσιος, ἐπάκτιος auf die Schifffahrt beziehen. Gerhard schwankt zwischen beiden Beziehungen. Wegen αὐξίδημος am besten auf θάλαμος zu beziehen.

d. κριοφόρος: P. 9. 22. 1. besonders zu Tanagra „Widderträger", als Heil- und Sühnegott; cf. unten.

e. Τροφώνιος. Cic. de nat. d. 3. 22; Beschützer der Aecker, (G. M. 274. 3), dem Zeus als solcher gleichgesetzt (G. M. 281. 2); das Wt. von τρέφω „Nährer"; Ἴσχυς = Valens, ein arkadischer Heros, u. Koronis seine Eltern.

f. πολύγιος: P. 2. 31. 10; sein Beiname in Troezene. Heracles stiftete bei seinem Bilde seine Keule. Seine Abstammung von Ἴσχυς, die Form ἴς für γίς bei Hes., γίσχυς neben ἰσχύς rechtfertigt die Ableitung des W. πολύγιος von ἴς = γίς Kraft, also „vielkräftig", „vielsehnig". (Cf. C. p. 362; Ahrens allerdings Dialect. u. Kühn. gr. Gr. 1². p. 75 f. erklären sich gegen die Echtheit dieser Glosse; die Ableitung von γία = ἴα = ἄνθη

b. Benseler, also = „vielblüthig", hat weder in der Etymologie noch in obigem Mythus Anhaltspunkte.)

3) Desshalb auch Heerdengott: νόμιος, ἐπιμήλιος, οἰοπόλος. P. 2. 3. 4.

a. νόμιος: Aristoph. Thesm. 977, Π. 14. 490. Phorbas wird durch ihn bereichert; als solcher ist er besonders in Arkadien verehrt.

b. ἐπιμήλιος: H. auf Pan. 32; P. 9. 34. 3; besonders sein Beiname in Koronea.'

c. οἰοπόλος: H. H. 314. Der Grundbegriff des W. πελ ist nach C. p. 429 „kehren, wenden", dann transitiv „das Vieh treiben"; also = „Schaftreiber, Schafhirt".

4) Der Gott des Reichthums (pecu-ni-a) überhaupt: χρυσόῤῥαπις, ἰθυφαλλικός.

a. χρυσόῤῥαπις „mit goldenem Stabe"; ῥαπ-ι-ς Ruthe, Stab C. p. 327; der goldene Stab wirkt segenspendend:

H. H. 529. ὄλβον καὶ πλούτον δώσω περικαλλέα ῥάβδον.

b. ἰθυφαλλικός: Cic. de nat. d. 3. 22, Her. 2. 51; so hiess H. als Gottheit in Hermenform; der aufgerichtete Phallus ist das Symbol der natürlichen Fruchtbarkeit; cf. G. M. 501. 3.

5) Das Wesen des H. als χρυσόῤῥαπις erklärt weiter seine Eigenschaft als Gott des gewinnbringenden Handels und Verkehrs. Als ἐριούνιος war er für die Hirtenstämme der νόμιος, für die Schiffer der θαλάσσιος und ἐπάκτιος (seine Beinamen in Sikyon nach Hes.), für die Handels- und Küstenstädte der:

κερδῷος, κτάρος, ἐμπολαῖος, ἐπιπολιαῖος, παλιγκάπηλος, ἀγοραῖος = Mercurius.

a. κτάρος: Lyc. 679; zur W. κτα gehörig = „Erwerber". Desshalb heisst es von ihm Il. 14, 391: κτῆσιν ὄπασσεν.

b. ἐμπολαῖος: Aristoph. Acharn. 816 (vor Aristophanes nicht vorkommend).

c. ἐπιπολιαῖος: sein Beiname auf Rhodus nach Hes;. entweder ist dieses Wt. hieher zu ziehen oder es bedeutet „Stadthort", abgeleitet von πόλις.

d. παλιγκάπηλος: Aristoph. Plut. 1156.

e. ἀγοραῖος: Aristoph. Equ. 297. Cornut. d. n. d. ἐπίσκοπος γὰρ τῶν ἀγοραζόντων; P. 2. 9. 7 zu Athen; ausserdem cf. P. 1. 15. 1.

6) Als ἐριούνιος wird er auch Gewinnbringer durch Zufall und Diebstahl:

a. beim Spiel: (Suet. p. 277. ed. Roth. τί με σκιράφοις ἀτιτάλλεις); das 1. Loos hiess Ἑρμοῦ κλῆρος: Hes. Eur. fr. 11 etc.; Ἑρμοῦ ψῆφος: Hes. Ausserdem gehört hieher εὐερμία = Glück, δυσερμία = Unglück.

b. bei Funden: Ἑρμοῦ δῶρον = ἕρμαιον. Cf. Soph. Ant. 397 ἔστ' ἐμὸν θοὔρμαιον; κοινὸς Ἑρμῆς = κοινὸν ἐμὸν ἕρμαιον = halb Part. (Bréal bei M. Müller L. II. p. 574 zweifelt, ob ἕρμαιον zur Hermesidee oder zur Begriffbestimmung der Grenze gehört: ein Zweifel, der sich wohl durch die gegebenen Analogien erledigt.)

c. Gott der Diebe: κλέπτης, κλεψίφρων: H. H. 413. (Diese Eigenschaft hängt jedoch auch zusammen mit seinem Attribute δόλιος, cf. weiter unten s. δόλιος.) Cf. Hippon. fr. 1. φωρῶν ἑταῖρε; H. H. 292. ἀρχὸς φηλητέων; Eur. Rhes. 217. φηλητῶν ἄναξ. = „Herrscher der Fälscher".

So ward natürlicher Weise der ἐριούνιος zum κερδῷος und ἀγοραῖος, zum Verkehrsgotte. Da für den Landverkehr und Binnenhandel Märkte, Plätze, Strassen von höchster Wichtigkeit waren, wurde ihm das Amt des Wächters über Plätze, Strassen, Thore übertragen. Als solcher heisst er

7) πυληδόκος, στροφαῖος, ὁ πρὸς τῇ πυλίδι ∾ προπύλαιος, πρόναος, ὅδιος, ἐνόδιος, ἐπιτέρμιος, ἡγεμόνιος, ἀγήτωρ, φίλιος, ἀγώνιος, ἐναγώνιος.

a. πυληδόκος „Thorwart", δόκος von W. δεκ (C. p. 461); cf. H. H. 15.

Als solcher ist H. verwandt mit Kerberos = sarbara (sarbara von skt. sarbari = Nacht). In der Bedeutung ist Kerberos = Sârameya; cf. M. Müller, E. II. p. 162 f., p. 329. 17.

Kuhn in Haupt's Ztschr. IV. p. 129 nimmt K. als ursprüngliches Beiwort des H., daher hätten die Griechen im hundsköpfigen Thot ihren H. erkannt, der vielleicht selbst ursprünglich in Hundsgestalt gedacht wurde (cf. Cic. de n. d. 3. 22). Kerberos dreiköpfig, ebenso H. als τρικέφαλος; cf. M. Müller L. II. p. 442; cf. unten bei Sârameya (über K. cf. Apoll. 2. 5. 12; bei Lucian dial. mort. 21 tritt er persönlich auf).

b. στροφαῖος: Aristoph. Plut. 1153 als Pförtner neben den Thürangeln; der Scholiast bemerkt dazu:
ἐπὶ ἀποτροπῇ τῶν ἄλλων κλεπτῶν; das Wt. ist zu vergleichen mit στροφεύς = cardo.

c. ὁ πρὸς τῇ πυλίδι: so hiess ein Hermenbild an einem Thörchen ∾ προπύλαιος, dem Beinamen einer Herme an den Propylaeen in Athen nach P. 1. 22. 8; πρόναος hiess er in Theben nach P. 9. 10. 2 = „Tempelhüter"; er nimmt mit diesem Namen eine ähnliche Stellung wie der römischen Janus ein, mit dem er darnach in mythologischem Zusammenhange stünde.

Das Wt. Janus, dessen Etymologie von Wichtigkeit ist wegen der Ableitung von Hermes und einiger scheinbar damit zusammenhängender Wörter, leiten Schömann und Preller ab von
Dianus ∾ Diovis — Jovis ∾ Diana — Jana — Juno (cf. Pr. r. M. p. 588; Juno kommt jedoch vom Stamm Jov). M. Müller L. II. p. 419 stellt die Gleichung auf:
Ju : Zeu = Jan : Zen, und Jan ist nach ihm = dyav-an im Sanscrit.
(Cf. Tert. Apol. 10. a Jano vel Jano ut Salii volunt; also hier das Wt. Jan und Janus; die Perser hiessen nach Hes. den Himmel Δίαν.)

Jan-pater wird ferner nach M. Müller wie Jupiter als ein Wort gebraucht und ist eine zweite Personification des Dyu, des Himmels, die jedoch mit besonderer Beziehung auf das Jahr d. h. auf Mass und Zeit, also die Ordnung der Dinge, angewandt wird.

Die Ableitung Cicero's de nat. d. 2. 27 von ire verwirft Preller als undenkbar und zwar desshalb, weil Janus nicht blos ein Gott der Thüren, des Ein- und Ausgangs war; cf. Pr. r. M. p. 149. Er stellt gleich Schömann, M. Müller Janus (= Dianus ∾ Jupiter = der Lichte) als alten Sonnengott, als Pförtner des Lichtes hin.

Corssen, Ausspr. u. Vocal. I² 213 will Janus von jân-us Durchgang ableiten; Curtius p. 564 interpellirt ihn desswegen mit den Worten: „wer wird es glaublich finden, dass jânus Durchgang, jânua, jânitor ihre Benennung erst vom Gotte Janus erhalten haben?" Er glaubt alle diese Wörter, also auch Janus könnten aus der W. ja, einer alten Weiterbildung der W. i hervorgegangen sein ∾ sâ-nus von sa, fâ-num von fa, dô-num von do, sk. jâ-na-s „geh-end". (Dann hätte also der als Etymolog verachtete Cicero auch einmal Recht.) Jâ-nu-s wäre also nach Curtius der Gehende, der sich Bewegende, d. h. ein Gott der Bewegung, der Bedeutung nach = Saramâ „die wandelnde" von sar, ire: ein Coincidenzfall der Bedeutung, den wir in seiner mythologischen Bedeutung weiter unten betrachten werden.

Hier ist für uns von Wichtigkeit folgendes:

1) Recipiren wir mit Müller, Preller, Schömann die Gleichung Janus = Djanus, so liegt bei der Aehnlichkeit der Bedeutung von janus, janua, janitor und der Vorstellung vom Gotte Janus als Pförtner in späterer Zeit der Gedanke nahe, dass die etymologisirende Phantasie des Volkes erst unterstützt durch die lautliche Identität der vorher begrifflich isolirt stehenden Worte Janus = Djanus und janus = janua die Vorstellung von Janus als dem Pförtner des Himmels, wenn nicht erst geschaffen, so doch einseitig entwickelt habe; die Wahrscheinlichkeit dieser unbewusst reflektirenden Thätigkeit wird unterstützt durch das weiter unten ausgeführte analoge Beispiel des mythologisch verwandten Begriffes von Hermes in seinem Verhältniss zur W. $ἐϱγ$, $ἐϱγ$.

2) Folgen wir in der Ableitung von Janus und janus = janua den Alten (deren Vertreter Cicero ist, cf. Teuffel, Literat. d. Römer p. 288 über Cicero's de nat. deor. Bei der Abfassung des 2. Buches (stoische Lehre) stützt C. sich hauptsächlich auf die Stoiker Kleanthes, Chrysippus, Zenon; die Stoiker sind als Etymologen bekannt, cf. Schömann, Ausgabe v. de nat. d., Einleitung zum 2. B. p. 98. C. nahm bei der schnellen Verfertigung dieser Compilation sich wohl auch keine Zeit zu selbständigen Etymologien) und dem Etymologen der Neuzeit Curtius, so hätten wir hier eine Doppelbildung zu constatiren, die von der gemeinsamen W. ja ausgehend in ihrer Anwendung so divergirte, dass das eine Wt. nur linguistisch verwendet wurde, das andere im Dienste der Mythologie funktionirte. Später wurden dann beide Aeste der W. ja, in der Bedeutung gleich geworden, zusammengeworfen, und nun entweder das mythologische Wort vom linguistischen abgeleitet, oder umgekehrt, wie bei Corssen. Besonders wichtig wird diese Erscheinung der getrennt zu haltenden Funktionen der W. ja in Janus und janus

in analoger Anwendung für das Verhältniss vou Ἑρμῆς zu den scheinbar derselben W. entstammenden Wt.:
ἔρμα, ἑρμάζω, ἔρμακες, ἑρμάς=ἑρμάν, ἔρμασις, ἔρμασμα, ἑρμασμός, ἑρματίζω, ἑρματίτης, ἑρμίς = ἑρμίν, ἑρμίδιον, ἑρμογλυφεύς.
Die meisten dieser Wt. gehen wohl nach ihrer Bedeutung auf die W. ἐρ (älter σερ) zurück, die durch γ verstärkt in ἔργω, ἔργμα, ἔργνυμι sich findet. Sie ist wahrscheinlich auch enthalten im sk. svar, litth. svar-a-s Gewicht, Pfund, svâr-ti-s Wagebalken, Gewicht, im ahd. suâri, md. swêre, ahd. svâran (urspr. suâr-i-an) beschweren; sie bedeutete: schwer machen, beschweren, stützen.

Von der einfachen W. ἐρ sind abzuleiten:
ἐρ-μά-ζω beschweren, stützen.
ἔρ-μα-σμα = ἔρμα.
ἐρ-μα-σμός das Beschweren, Stützen = ἔρ-μα-σις.
ἐρ-μα-τί-ζω = ἐρ-μά-ζω.
ἐρ-μα-τί-της beschwerend, stützend.
ἐρ-μίς = ἐρ-μίν Stütze, Bettpfosten.

Dagegen von der durch γ verstärkten W. ἐρ oder ἑρ in ἔργω, εἴργω, εἴργω (im lat. arc-eo?), welche die Bedeutung „einschliessen, trennen", annahm, ist ἔρκ-ος, εἰρκ-τή „Gefängniss", im lat. Herc-ul-es abzuleiten; ebenso wird ἔρμα = Bande, Fessel für ἔργμα stehend von dieser W. abzuleiten sein. Von der W. ἐρ = σερ, ser-o, (sk. in sar-at Draht) „anreihen" kommt ἔρ-μαξ „ein Haufen von Steinen, Schutt"; besonders ist das Wt. gebraucht, um die Steinhaufen der Hermenbilder, denen jeder Vorübergehende einen Stein zuwarf, gleichsam als eine ser-i-es von Steinen zu bezeichnen. In der Grundbedeutung „Felsen, Klippen" stimmt ἕρμαξ mit ἔρμα überein;
cf. Dio Chrys. or. 78. p. 763 ὥστε μεγάλα ἔρματα ἀθροΐζεσθαι λίθων; auch ἀφετήριον ἔρμα gehört hieher.

Aber nicht nur ἔρμακες und ἔρματα hiessen diese Steinhaufen, die das natürlichste und einfachste Mittel zur Angabe von Grenzen und Wegen abgaben und in dieser Weise in Tyrol, bei den Mongolen, in Tibet, Peru gebraucht wurden (nach Strabo 17. 818 in Egypten, Strabo 8, 343 in Elis, cf. den Aufsatz im Globus XXVII. N. 12. 13), sondern auch ἑρμᾶ-ι-α (scl. ἄκρα oder etwas ähnliches) von ἑρμαῖος, einer Adjektivbildung vom Stamme in ἔρμα, ἔρμαξ.

Eine Deminutivbildung dieses Stammes in ἕρμα, ἕρμαξ etc., der den Begriff der Grenzsteinhaufen ausdrückte, wäre ἐρ-μί-δι-ον, dessen Vorkommen allerdings beschränkt ist auf die Bedeutung „kleiner Herme" als Deminutiv von Hermes; cf. Arist. Pax. 924. Die Frage liegt nun nahe, ob das W. ἑρμῆς, das in der Kunstsprache jeden Kopf bedeutete, der in einen viereckigen Fusspfeiler oder eine freistehende Säule auslief, in dieser allgemeinen Bedeutung nicht ebenfalls wie ἕρμα, ἕρμαξ etc. zur W. ἐρ zu ziehen sei.

Was den Begriffübergang von Stütze in Säule betrifft, so haben wir diesen in στήλη, στῦλος; jede Säule ist ja, auch wenn sie freisteht, eine Stütze, nur in latenter Weise. Während die Steinhaufen in Griechenland, die ἕρμακες, bereits nur noch das Hermesbild umgaben, es stützten, stehen in andern Gegenden diese Haufen noch anstatt der Wegsäulen, oder beginnen, sich dem Begriff der Säule durch auf ihnen aufgerichtete Stangen, Phallus, Kreuze etc. zu nähern; cf. den citirten Aufsatz im Globus.

Der etymologischen Bildung von στή-λη, στῦ-λο-ς entspräche die Bildung von ἕρ-μα, ἕρ-μέ-ας (ἑρμῆς); ein eventuelles Bedenken wegen des Masculins bei ἑρμῆς würde sich durch das Analogon von στῦλος heben.

Formell liesse sich also gegen die Ableitung d. Wt. ἑρμῆς von der W. ἐρ nichts einwenden, doch müsste auch die Bedeutung entsprechen.

War die Bedeutung von ἑρμῆς, Stütze oder Steinmal, allgemein, und nicht von Anfang an durch eine „confusion de mots" der Gott Ἑρμῆς mit dem Appellativum ἑρμῆς identificirt, so müssen solche Hermen sich auch von Anfang an bei der Darstellung anderer Götter finden, lautlich das Wt. mit andern Götternamen zusammengesetzt erscheinen. Und in der That beiden Forderungen geschieht Genüge Zuerst wollen wir die Zusammensetzung, d. h. den ursprünglichen allgemeinen Gebrauch des Wt. ἑρμῆς mit sprachlichen Gründen constatiren. So finden wir eine Ἑρμαθήνη, d. h. eine Herme oder Bildsäule der Athene auf einem viereckigen Fusspfeiler (cf. Cic. ad Att. 1. 1. 5 Hermathena tua valde me delectat; Pind. Olymp. II. 93; auch auf Münzen finden sich solche Darstellungen). Mit dem H. hat diese Hermathene an und für sich ursprünglich gar nichts zu thun; das ἑρμ-(ῆς) drückte blos den Begriff der Stütze (Säule,

Pfeiler) aus, auf dem sich der Kopf der Athene erhob. Erst später wurde dies Verhältniss missverstanden und confundirt mit den Beziehungen zwischen dem Gotte H. und der Athene, die allerdings in älterer und jüngerer Gestalt manches gemein haben, und desshalb durch den Mythus in mythologische Verbindung gesetzt wurden (cf. unten), Beziehungen, wodurch sich dieses etymologische Missverständniss erklären lässt.

Dieser Vorgang findet aber ferner Statt bei Dionysos, der ebenfalls als Herme gebildet wurde (cf. O. Müller 383. 3, Schömann, g. A. II. p. 173, G. H. a. V. p. 485), bei Heracles in Hermeracleen (Cic. ad Att. 1. 10), bei Eros in Hermeroten (Plin. 36. 5. 10), bei Pan in Hermopan, bei Aphrodite in Hermaphroditos: ursprünglich der Name für Hermen nach Preller, gr. M. p. 420, worauf die Abzeichen beider Geschlechter sich befanden. Eine Herme des Hermes 'Ἀγήτωρ stand ferner nach P. 8. 31. 7, sowie Hermen des Apollo, der Athene, Poseidons, des Helios Soter und des Heracles im heiligen Bezirk zu Megalopolis.

Ist etwas entscheidend für den Beweis der Identität von Herme und Stütze in diesen Zusammensetzungen, so ist es diese Notiz des Pausanias. Diese sechs Gottheiten waren im τέμενος zu Megalopolis wahrscheinlich im Kreise aufgestellt und zwar auf dem Untersatze, der eben ἑρμῆς heisst (analog dem στή-λη wäre vielleicht eine verlorne Bildung ἑρ-μη anzunehmen).

Ἑρμοῦχος hiess ferner nach Athen. 10. 416 eine Statue der Demeter in Delphi = „von einer Herme gehalten", „hermenförmig".

Was die Bedeutung der Herme als Ausgangspunkt der Entwicklung zur Plastik betrifft, so wollen wir nur bemerken, dass diese Zwitterbildung, halb στήλη, halb εἰκών, den Uebergang von der anikonischen Periode zur ikonischen bildete, und dass diese Darstellung sich später bei der Ausbildung der Plastik auf gewisse Kreise beschränkte. Arkadien scheint, wie es sich in religiöser Beziehung auf den alten Naturdienst im Gegensatz zur Verehrung des idealisirten Olympierkreises beschränkte, auch in der plastischen Darstellung seiner Götter auf der älteren Stufe stehen geblieben zu sein, wie die Bilder zu Megalopolis beweisen; auch Zeus als Herme P. 8. 48. 4. Dass besonders bei Hermes diese ältere Bildung als Herme beibehalten wurde, erklärt sich aus seiner Funktion als Weggott; hier war aus praktischen Rücksichten eine säulenförmige, viereckige Bildung nothwendig.

Die Hermenbildung selbst ist als eine nothwendige, korrekte

Phase in der Entwicklung der Plastik zu betrachten, was eine
künftige vergleichende Kunstgeschichte näher beleuchten wird
(cf. Schömann, gr. A. H. p. 173 f., O. Müller, A. §. 67,
Hellas von Fr. Jacobs p. 372, Reber, Kunstgesch. d. Alterth.
p. 261 f. über die Selbständigkeit der griechischen Plastik; wie
uns die mythologischen Erscheinungen bei Griechen und Aegyptern höchstens parallele Phasen sind, so auch die archäologischen,
cf. die Vergleichung der Pfeilerverehrung bei vielen Völkern,
Tylor. II. 162—168. Wir erinnern an die hermenhaften Bilder
zweier Götzen im Centralmuseum zu Mainz, die dem Cultus der
alten Deutschen angehören sollen. Auch die Stele am Löwenthor in Mykene scheint hieher zu gehören, Reber p. 181. Trug
diese nach Bötticher ein Gorgoneion, so war sie die symbolische Darstellung einer mit dem Gorgoneion in Verbindung
stehenden Gottheit, also eine Herme; war sie eine reine Stele,
so haben wir damit den Uebergang von der rohen, rein symbolischen Steinverehrung zum Hermenkult, der in der Plastik der
Ausdruck für den Beginn der anthropomorphisirenden Auffassung
der Gottheit ist).

Aus diesen Anführungen möchte hervorgehen, dass analog
dem Janus und janus auch Ἑρμῆς und ἑρμῆς = ἕρμα ursprünglich mit einander nichts zu thun hatten; aber durch den
Gleichlaut wurde die mythologische Bedeutung des Nomen proprium stark in der Richtung des gleichlautenden Appellativum's
beeinflusst. Wir wollen zwar nicht behaupten, durch die Identität
der Form wäre eine neue Richtung des mythologischen Begriffes
hervorgerufen worden, doch muss die Möglichkeit zugegeben
werden (cf. die Geschichte des Christophoros etc. bei M. Müller
L. II. p. 506, die für die Umwandlung von der Wortbedeutung
durch äusserliche Faktoren höchst instruktiv ist: wie es eine
regelmässige und unregelmässige Lautvertretung, also Sprachentwicklung gibt, so auch eine regelmässige und unregelmässige
Bedeutungsentwicklung; einen Faktor in letzterer scheint obige
Beeinflussung anzudeuten: den Werth und Einfluss des Gleichlautes). Doch ist es jedenfalls sicherer, bei den zwar innig verwandten, aber doch selbständigen Gebieten der Religion und
Mythologie nur einen gewissen Grad von Beeinflussung des
Mythus durch das Wort im Sinne einer gegebenen mythologischen Basis anzunehmen (hier ist diese mythologische Basis der
ἐριούνιος als στροφαῖος und ἐνόδιος), als rein durch die gleiche

Form ohne, schon im Begriffe des Gottes, wenn auch nur latent liegende, entsprechende mythologische Basis die Veränderung des Gottesbegriffes eintreten zu lassen. Wir haben hier auf mythologischem Gebiete die Wirkung des Parallelogramms der Kräfte: der eine stärkere Faktor ist die Grundidee des Gottes Hermes, der andere der Einfluss des Wortes $ἑρμῆς = ἕρμα$ = Wegsäule; die Resultante: die Verstärkung und Entwicklung der Bedeutung des Hermes $ἐνόδιος$, die falsche Interpretation der mit Götternamen zusammengesetzten Hermen, die Erweiterung der Mythologie schliesslich in Bezug auf die a priori fälschlich angenommene Zusammengehörigkeit dieses resultirenden Hermes mit Athene, Heracles, Eros, sodass die Schwierigkeiten der Untersuchung über den wahren Zusammenhang des H. mit diesen Göttern durch diese Missdeutungen bedeutend erhöht werden.

Wir haben also hier eine Confusion von zwei Wt. zu constatiren, die im Bewusstsein des griechischen Volkes ganz natürlich vor sich gieng, da diese Confundirung unterstützt wurde durch den in H. schon a priori liegenden Begriff des $ἐριούνιος$, $ἐνόδιος$.

Cf. darüber den bei M. Müller L. II. p. 273 entwickelten Grundsatz:

„Verschiedene Wörter können in einer und derselben Sprache dieselbe Form annehmen";

cf. $ἰός$ Gift = sk. risha; $ἰός$ Pfeil = sk. ishu.

$νέω$ nähen = sk. nah; $νέω$ fliessen = sk. snu; $νέω$ kommen = sk. nas etc.

Zu constatiren ist desshalb ferner in Bezug auf die Etymologie des Wt. Hermes, dass dasselbe trotz seiner Convergenz mit $ἕρμα$ etc. von einem anderen Etymon abgeleitet werden kann; ja diese Möglichkeit wird sogar zur Wahrscheinlichkeit, da der Gleichlaut bei verschiedenen Gebieten nach den vorhergehenden Beispielen von vornherein auf Verschiedenheit der W. hindeutet.

Sollte daher in anderen indogermanischen Sprachen, besonders im Sanskrit, eine für den Begriff des Hermes passende W. oder gar dasselbe Wort sich finden lassen, so würde die Wahrscheinlichkeit der Richtigkeit dieser eventuellen etymologischen Gleichung durch die vorausgehende Untersuchung bedeutend grösser werden.

d. ὅδιος, ἐνόδιος. Manches auf diese Beinamen bezügliche ist schon oben beigebracht worden, hier ist noch zu bemerken: auf Kreuzwegen gab es den Hermes τρικέφαλος, τετρακέφαλος (cf. Janus bifrons) nach Hes., Phot. Lex. 15, 17: der Namen richtete sich wahrscheinlich nach der Anzahl der Wege. Die Gestalt der Hermen des Hermes war ein τετραγώνιον σχῆμα (P. 8. 31. 4, O. Müller, A. § 67. Anm.), aus dem das Obertheil, d. h. der Kopf öfters mit dem Hute bedeckt herauswuchs; cf. Gerhard, H. a. V. Tab. 1. 2. 3, Macrob. 1. 19. 14: pleraque olim simulacra Mercurii quadrato statu figurantur solo capite insignita et virilibus erectis. Hier heisst insignita nicht blos allgemein „kenntlich", sondern (analog dem insignitor = ἑρμο-γλυφεύς „Graveur" Augustin de civ. d. 21, 4) „freigearbeitet" und zwar allein am Haupte.

(Die ithyphallische Bildung ist bei den Göttern der schaffenden Naturkraft überhaupt charakteristisch, so bei Dionysos Φαλλήν P. 10. 19. 3. Bei H. erhielt sie sich mit am längsten, weil eben die Hermenbildung fortdauerte). Nach Her. 2. 51 waren diese ithyphallischen Hermen des H. pelasgischen Ursprungs, nach Athen. 5. 200, P. 6. 26. 5 ohne Hände, Füsse und bärtig (cf. Gerhard, H. a. V.); später fiel jedoch die ithyphallische Bildung und der Bart weg, nachdem sich der H.begriff nach verschiedenen Richtungen entwickelt, und die mythologischen Anschauungen der Griechen sich idealisirt hatten.

Diese Hermesbilder, die auch mit Inschriften versehen waren (Plat. Hipp. 229 etc.), führten zur Unterscheidung Spezialnamen: ὁ μέγας, ὁ Ἀνδοκίδου, Ἱππάρχειος, ψιθυριστής, in Athen cf. Dem. 59. 39. ὁ παρὰ τὸ Φορβαντεῖον (Heroum des alten mit H. in Zusammenhang stehenden Heros Phorbas in Athen), ἐν Αἰγέως πύλαις. In Athen gab es eine Hermenstrasse und Hermenhalle (στοὰ ποικίλη).

Was die Verbreitung der Hermen im engeren Sinne betrifft, so waren sie als Wegweiser in ganz Griechenland zu Hause, besonders aber ausser in Attika im pelasgischen Arkadien. (G. M. 273. 3).

Da aber diese Hermen, die anfangs blosse Steinhaufen waren, nicht nur zur Weg-, sondern auch zur Grenzbezeichnung dienten, so wurde er durch die erwähnte Confundirung und durch natürliche Entwicklung zum

e. ἐπι-τέρμιος = terminus nach Hes. (P. 2. 37. 7, 3. 11). Hier sind die Ἑρμαῖ, welche die Grenze zwischen Lacedämon, Tegea und Argos bilden, offenbar errichtete Steinhaufen, keine Hermenbilder).

Dass dieser Hermes ἐπι-τέρμιος nicht nur lautlich = Terminus, sondern auch begrifflich, wird später bei Mercurius besprochen werden. Hier nur die Aehnlichkeit in den Cultusgebräuchen: Die Hermen wurden nach Theophr. Char. 16 mit Oel gesalbt, ihnen Kränze, Bänder, Erstlinge dargebracht; dieselben Gebräuche nach Prell. r. M. p. 230 bei Errichtung der termini (cf. die Salbsteine in der Genesis).

f. ἡγεμόνιος, ἀγήτωρ, φίλιος.

Als Gott der Wege war H. auch der Wege kundig, daher als Führer ἡγεμόνιος von den Jägern verehrt. Bei Arr. de ven. 34 werden diese seine Eigenschaften verbunden: οὐδὲ Ἑρμοῦ ἐνοδίου καὶ ἡγεμονίου. Uebertragen wurde er zum ἡγεμόνιος oder ἀγήτωρ auch im Krieg; in dieser Eigenschaft opferten ihm die Strategen zu Athen im Frühjahr (ἀγήτωρ in Arkadien P. 8. 31. 4). Mit dem Beinamen φίλιος galt desshalb sein Name als Parole (Polyaen. 3. 9. 21). Φίλιος von φίλος C. p. 538. ἀγήτωρ: ἡγήτωρ ∾ ἀγ in ἄγειν: ἡγ in ἡγεῖσθαι. Beide Wt. bedeuten „Führer". (φίλιος ist auch ein Beiname des Apollo und Zeus. Man braucht auch dies Wt. ohne speziellen Götternamen: εἰπὲ πρὸς Φιλίου Plat. Gorg. 519).

Die H.namen ἡγεμόνιος und ἀγήτωρ lassen sich mit ἐνόδιος verbinden und davon begrifflich ableiten, sie erklären sich aber auch durch den allgemeinen Charakter des H., des glück- und segenspendenden ἐριούνιος und σῶκος, übertragen auf spezielle Verhältnisse.

g. ἀγώνιος, ἐναγώνιος. Pind. Isth. 1. 85. P. 5. 14. 7. Pind. P. 1. 18; dieser Beiname zuerst bei Pindar.

Als ἐριούνιος, κουροτρόφος, ἀγήτωρ ist er auch der Siegverleiher bei den Wettkämpfen, der gewandte Gott der Gymnastik, der Schutzpatron der Epheben; cf. O. Müller, A. §. 380.

Mit allen diesen Prädikaten wirkt H. als segenspendender Ἐριούνιος auf der Erde, er begünstigt den Segen der Heerde, wirkt auf das Wachsthum von Mensch, Thier und Pflanze, beschützt Haus und Hof, Strassen und Wege, bringt dem Waidmann und Krieger Heil auf ihren Zügen, beschirmt Seefahrer und Soldaten, Wettkämpfer und Epheben, unterstützt Kaufleute und Diebe: dies Alles ohne weitere Berührung mit dem Olymp als blosser Erdengott.

Ein neues Element kommt aber in die Entwicklung des H. vermöge seiner Funktion als Beschützer und Beförderer des Verkehrs nicht nur auf der Erde, in internen Verhältnissen, sondern auch in den Beziehungen zwischen Erde und Himmel.

8) διάκτορος, ἀργεϊφόντης, εὔσκοπος, λευκός, φαιδρός, 'πάνοψ, Διὸς τρόχις, Διὸς λάτρις, Διὸς ἄγγελος, ἀτάσθαλος ἀγγελιώτης, εὐάγγελος, κῆρυξ θεῶν, ὑπηρέτης θεῶν, κῆρυξ, αἰπύτης, οἰνοχόος, πονεύμενος, δαιτὸς ἑταῖρος.

a. διάκτορος.

In den ältesten griechischen Schriftdenkmälern, Ilias und Odyssee, kommt dieser Beiname verhältnissmässig am häufigsten vor, besonders in der Odyssee, „weil, wie Prell. gr. M. p. 327 richtig bemerkt, er weit mehr mit den Werken des Friedens, als mit denen des Kriegs zu thun hat". In den nächstältesten Schriftwerken bei Hesiod finden wir diesen Beinamen im Verhältniss zum Vorkommen des H. selbst ebenfalls sehr häufig, wenig oder gar nicht bei den Schriftstellern der 3. Periode, bei Aeschylus und Pindar.

In der Il. seltener, so 2. 103;
in der Od. gewöhnlicher Beiname 1. 84. 5. 94. 8. 335, 338. 12. 390. 15. 319 etc.;
bei Hes. Op. 77.

Bemerkenswerth ist die häufige, ja gewöhnliche Verbindung von διάκτορος mit dem Beinamen ἀργεϊφόντης; so Il. 2. 103. Od. 1. 94. 5. 84. 8. 338 etc. Hes. Op. 77.

Mit ἀργεϊφόντης wird sonst nur noch verbunden
εὔσκοπος Od. 1. 38, κλυτός Hes. Op. 84.

διάκτορος ist desswegen für einen archaischen Beinamen zu halten, der besonders in der epischen Poesie gebräuchlich war und gewöhnlich in der Verbindung mit ἀργεϊφόντης auftritt.

Wie ἐριούνιος kommt auch διάκτορος Ἀργεϊφόντης selbstständig vor, Il. 2, 103. Od. 5, 94 etc., ebenso ἀργεϊφόντης H. H. 29. 7.: ein Beweis für das Alter der Beinamen und die frühere selbstständige Rolle, die sie spielten.

Wegen der alten Verbindung der beiden Namen ist auch der eine ohne Rücksicht auf den anderen nicht zu erklären, sie sind solidarisch; für ihre enge Verbindung zeugt nebenbei das Fehlen einer Conjunktion; weil bei διάκτορος weiter kein Attribut steht, dagegen bei ἀργ. ausser δ. selbst noch die zwei obengenannten εὔσκοπος u. κλυτός vorkommen, ist mit Wahrscheinlichkeit a priori διάκτορος als Attribut aufzufassen.

Wie die Alten δ. verschieden auffassten, so lässt auch die neuere Etymologie verschiedene Ableitungen zu, wobei es sich selbstverständlich nie um apodiktische Gewissheit, sondern nur um den grösseren oder geringeren Grad von Wahrscheinlichkeit handeln kann, der sich nach unserer Ansicht richtet nach der passenden Interpretation von ἀργ.

Nitzsch leitet δ., zu Od. 1, 84, ab von διάγω „der etwas ausführt", „der Hindurchführer", „Geleiter" (später = ψυχοπομπός); ebenso Ameis zu Od. 1, 84: geleiten heisst aber διάγω nicht.

Buttmann Lex. I. 218 von διήκω oder διάκω mit διώκω verwandt: cf. διάκονος = „d. Durchdringer", „d. Verbreiter".

Voss übersetzt δ. mit „der Bestellende".

Der grösste Theil dieser Erklärungen genügt aber nicht, weil die Bedeutungen zu allgemein, zu abstrakt und desshalb nichtssagend sind; ohne Weiteres kann man aber δ. von διάκω ∾ διώκω = „Verfolger" auch nicht ableiten.

διάκτορος ist jedenfalls zu zerlegen in διακ-τορ-ος; das Suffix ist τορ = tor, substantivisch verlängert in πράκ-τωρ.

διάκτορος: διάκτωρ = χρυσάορος: χρυσάωρ etc., der Stamm also ist διακ.

Bei Erklärung des St. διᾶκ sind uns zwei Möglichkeiten geboten:

1) das k ist radikal; dann ist die W. primär und es muss ein Stammwort διᾶκ geben.

Curtius nimmt nun eine W. δικ an als Basis der Stämme δικ in δείκ-νυ-μι und jik in ἴκ-ελ-ος, εἰκ-ών etc. p. 610.

Ebel Zeitsch. v. Kuhn V. 188 wird auf eine W. djak geführt, als ältere Form von δικ; nach C. p. 611 sind deutliche Spuren dieser W. im sk. jaç-as für djak-as und in dem durch ein aus daças-jâ-mi „verehre" erschlossenen sk. daç-as vermittelten lat. dec-us, dec-or-us.

Analog würde demnach διάκτορος als Ueberrest der Urwurzel djak „ruhmvoll" = Πολυ-δεύκης bedeuten; ein ganz allgemeiner Begriff, der allerdings mit seinem Wesen in keiner unmittelbaren Beziehung stünde.

Bedenken wir aber, wie nahe sich Ruhm und Glanz stellen,

wenn das übersinnliche vom sinnlichen auszugehen hat, cf. claru-s „hell, glänzend, berühmt" etc., bedenken wir andrerseits den Bedeutungsübergang in *δείκ-νυ-μι* ∾ *δοκ-έω* (was nach Ebel u. C. ebenfalls von W. *δικ* (*δ*jak) abzuleiten ist) von „scheinen, Licht geben", zu „erscheinen, sich zeigen", ebenso bei dem vom St. *δοκ* abgeleiteten *δόκ-σ-α* (sk. daç-as) Schein, Ruf, Ruhm (selten im schlimmen Sinne, cf. *σεμναί δόξαι* Aesch. Eumen. v. 351 etc.), erinnern wir uns noch an die nahe Verwandtschaft der beiden Begriffe auch im Deutschen z. B. „bestrahlt von seines Ruhmes Glanz" bei Schiller, so kann man mit ziemlicher Wahrscheinlichkeit annehmen, da jede metaphorische ideelle Bedeutung von einem sinnlichen Begriffe ausgehen muss, und der Uebergang von Glanz, Licht zu Ruhm die gewöhnliche Erscheinung ist, dass diese W. *δ*jak, metaphorisch für Ruhm gebraucht, ursprünglich, wie in dem Bedeutungsübergange von *δόξα* noch zu sehen, das Strahlen des Lichtes bezeichnete, woraus sich mit Anwendung des Begriffes „hell, strahlend" auf das geistige Gebiet der Begriff „berühmt" entwickelte.

(Die Sprache musste, um den Begriff des Ruhmes auszuzudrücken, zum Sinnlichen greifen; bei den meisten Ableitungen war die Basis der Sinn des Gesichtes, öfters aber auch der des Gehörs, so bei *κλυ-τό-ς* von *κλύ-ω* hören, in-clu-tu-s, glos-i-a = glor-i-a, ruhm = ahd. hruom = alts. hrôm = ruf.)

Auf diesem deduktivem Wege wäre also eine Urwurzel (arische) dja zu postuliren, von der im sk. dî, dj-u, djâv, gr. *δι-κ*, *δ*ja-k abzuleiten.

διά-κ-τορ-ος „der Erscheiner" = der erscheinende, tr. „der Erleuchter".

Mit den Principien M. Müller's stünde diese Erklärung nicht im Einklang, da nach L. II. 418 weder im Lat. noch im Gr. ein W. mit dj = di beginnen kann.

Unterstützt wird aber die Annahme und Möglichkeit einer Urwurzel dja durch C. p. 581:

„Die Verstärkung des j durch d fällt augenscheinlich in eine der Spaltung in Mundarten und vollends der Entstehung des ζ weit vorausgehende Periode der Sprache."

Die Möglichkeit von dj ist noch entschiedener bewiesen bei ihm p. 604, wenn j parasitischen Charakter hat.

Was den Uebergang von d durch dj zu ζ betrifft, so sagt

C. p. 605 f., dass dies bisweilen geschah, aber nicht nach M. Müller stets. Der Einwand gegen die Ableitung von διάκτορος v. W. djak wegen des nothwendigen Uebergangs von dj zu ζ ist somit nicht stichhaltig.

2) die W. διακ kann aber auch sekundär sein und k Determinativ. Wir hätten dann a priori im gr. die W. di, djâ zu postuliren ∾ i, jâ (cf. oben Janus) mit der Weiterbildung durch k, welche durch C. p. 62 an verschiedenen Stämmen gezeigt ist. Nach C. ist diese Ableitung möglich; Buttmann vertritt sie, indem er διάκ-ονο-ς u. διάκ-τωρ von derselben W., die in διώκ-ω eine weitere Fortbildung gewann, ableitet; nach Corssen jac-i-o = διώκ-ω. Zu vergleichen ist auch ahd. jag-ôn, jak-ôn = intr. „schnell sich vorwärts bewegen", tr. „verfolgen", antreiben". Da Müllenhof διάκ-ονο-ς = ahd. jac-uno setzt, so wäre daraus im Deutschen auf Abfall des Dentals zu schliessen, wie auch im gr. ἰωκή für διωκή, und da Form und Quantität bei διάκ u. jâk entsprechend, wäre auch Congruenz der Bedeutung mit Wahrscheinlichkeit anzunehmen. Im Lat. jac-i-o liegt ebenfalls die dem deutschen Wt. adäquate Bedeutung der schnellen und plötzlichen Bewegung, daher tr. werfen.

Entsprechend ist ebenfalls die Bedeutung von διώκω: „sich in schnelle Bewegung setzen, verfolgen", wie jagôn auch von der Jagd gebraucht.

Aus diesen nach Form und Bedeutung einander entsprechenden W. διωκ — jâc — jâg (die regelmässige Lautvertretung fordert für j im ahd. h, doch kann auch g eintreten; so regelmässig in jäh, jähe, mit Wechsel (wie in jäten, gäten) im Anlaut ahd. gähe = ungestüm, cf. Weigand I. p. 381. C. p. 124) ist auch auf entsprechende Aehnlichkeit der Bedeutung bei der Grundform von djâ, djâk zu schliessen. djâ u. djâk bedeuten demnach eine schnelle, plötzliche, ungestüme Bewegung tr. Verfolgung, und διάκ-τορο-ς ist intr. „der sich schnell Bewegende" = „der Renner", tr. „der Verfolger" ∾ ahd. jág-ari der Jäger.

(Cf. die Aehnlichkeit dieses Beinamens v. H. mit Wuotan's Etymologie von vat-an = meare, also Renner, Stürmer; cf. Schleicher, Ztschr. IV. 399).

Durch die Gleichsetzung der Bedeutungen von διάκτωρ,

— 29 —

διάκτορος und einem möglichen διώκτωρ, διώκτορος erklärt sich zugleich der auffällige Mangel einer Substantivbildung von διώκω. Die Sprache hatte für den Begriff von „Renner, Stürmer" zwischen dem St. διακ u. διωκ zu wählen; für die Bildung des Verbums zog sie den St. διωκ vor, daher διώκω, für die des Substantivums den St. διᾱκ, daher διάκτωρ, διάκτορος.
Das sind die beiden möglichen Etymologien v. δ. bei der Zusammengehörigkeit der Silben δι u. ακ. Die 3. Ableitungsmöglichkeit ergibt sich aus der Trennung derselben in die Elemente δι u. ακ.
Die Silbe ακ lässt sich von zwei W. ableiten
1) von einem ursprünglichen αγ (mit Uebergang in die Tenuis vor τ).
2) von der W. ακ = ηκ in ἦκ-ω.
3) von δι-άγ-ω leitet δ., wie schon oben erwähnt, Nitzsch ab. Abgesehen von der Quantität (ἄγ) ist die Bedeutung „Hindurchführer, Geleiter" 1. zu allgemein, zu phraseologisch, 2. unwahrscheinlich wegen des archaischen Charakters des Wt. als Beiname v. H., der erst in späterer Periode zum „Geleiter" wurde, 3. verdächtig, weil sie die Alten blos desshalb recipirt zu haben scheinen, um damit den H. ψυχοπομπός zu stützen und zu erklären.

4) Noch bleibt die Ableitung ακ = ηκ zu betrachten: der Wechsel von ᾱ in η ist gewöhnlich. Nach C. 62.509 steht die Ableitung des W. ἦκ-ω von der W. jâ fest.

gr. jâ = sk. jâ = lat. jâ.

Die Bedeutung des Wt. δ. wird in diesem Falle in Anbetracht der intensiven Wirkung der Praepos. δια ähnlich der bei der Ableitung von διακ = διωκ gefundenen: (das „schnelle" liegt dann in δια) „der Hindurcheilende" = der Renner, Stürmer.

Curtius setzt ausserdem noch die W. ἦκ zur W. ἰκ in etymologische Beziehung, wie δῆλος zu διΓ.

. Da er nun auf der andern Seite ἰκ von δικ ableitet, hätten wir die Gleichungen:

$$\dot{\eta}κ : δ. \sim διακ : δ.$$
$$\dot{\eta}κ : ἰκ = διακ : δικ$$
$$δικ = ἰκ$$
$$ἰκ : δ. \sim ἰκ : δ.$$

mit andern Worten: die verschiedene etymologische Ableitung bei 2 und 4 gründet sich auf die Verschiedenheit der Aspiration.

Weiter gehört aber ἴκ zu jâ, ἴκ zu djâ, so dass also

jâ : δ. ∾ djâ : δ.

sich verhält.

Da die Bedeutung der beiden W. fast identisch ist, liegt die Wahrscheinlichkeit einer ursprünglichen etymologischen Identität nahe, zumal die Unterschiede nur in der Differenzirung durch die Aspiration und den Dental, von denen jene wechselt, dieser wegfallen kann, bestehen.

Bei der 4. Ableitung wäre lautlich und begrifflich

διάκτορος = Janus (leitet man J. von der W.
jâ ab)
= Renner, Beweger.

Bei der 1. Ableitung von djâ = leuchten ist ebenfalls

διάκτορος = Janus = Djanus (cf. oben)
= der Erscheinende, Erleuchter.

(Diese etymologischen Beziehungen zwischen den Beinamen des H. und Janus wollen wir später bei Untersuchung der mythologischen Funktionen beider Gottheiten weiter verwerthen.)

Wenn wir bei diesen vier möglichen Ableitungsformen uns auch nicht definitiv vor der Hand für eine bestimmte entscheiden wollen, so ist doch jedenfalls zu constatiren, dass, da 3 untergeordneten Rangs ist wegen seiner Unwahrscheinlichkeit und 2 und 4 verwandt sind, nur zwei Hauptbedeutungen in Betracht kommen können:

I. aus 1. von W. di, djâ scheinen:
 a. der Erscheinende, b. der Erleuchter*), Lucifer = Djanus.

II. aus 2 u. 4 von W. djâ (djâk = djôk = jâk), und di-ak (= ἤκ) eilen, verfolgen, cum impetu ferri:
 a. der Renner, Stürmer. b. der Verfolger, Jäger = Ja-

---

*) Die Erscheinung und das Hauptgesetz, worauf die Evolution und Differenzirung der Bedeutung der W. beruht, dass die Verbalwurzeln ursprünglich ungeschieden transitive und intransitive Bedeutung zugleich hatten, ist auch hier bei der Ableitung mythologisch gebrauchter Namen von Verbalwurzeln in Betracht zu ziehen: daher die Kategorien a. und b. oben.

nus ∾ Wuotan, Wüterich (von vat-an ∾ transmeare ∾ διήκω cum impetu ferri (eventuell Durchdringer) cf. Grimm d. M. p. 120).

Einen entscheidenden Faktor für die Wahl zwischen diesen beiden Haupterklärungen wird die Ableitung des mit δ. verbundenen Namens
b. ἀργεϊφόντης bieten.
Wie bei der Erklärung des Wt. διάκτορος, so waren auch bei der Etymologie von ἀργ. die Ansichten von jeher verschieden. Die einen kombinirten das Wt. mit dem Mythus von der Tödtung des Argos durch H. und erklärten es demgemäss Ἄργου φόντης = Argostödter.
Andere (cf. Preller g. M. p. 319) nahmen eine weniger materielle Erklärung an mit ἀργ. = ἀργεφάντης, ἀπὸ τοῦ ἀργῶς πάντα φαίνειν καὶ σαφηνίζειν = Erklärer, oder nach Hes. I. 273 = ὁ ταχέως καὶ τρανῶς ἀποφαινόμενος: dies die Erklärung Aristarch's nach Sengebusch.
Ebenso sind die Ansichten der neueren Forschung getheilt:
Preller billigt p. 319. 1 die Auffassung „Argostödter" und es soll nach ihm Ἄργει für ἀργεFι stehen als Dativ.
Welker G. G. 1. 336 nimmt die andere Deutung an: „der alles weiss erscheinen lässt".
Ameis zu Od. 1. 84 leitet das W. ab von ἀργός schnell u. φαίνω erscheinen lassen = Eilbote, wobei er sich auf die κύνες ἀργοί Od. 2. 11 und κύνες ἀργίποδες Il. 24. 211 stützt.
Pott verwirft wenigstens den herkömmlichen „Argostödter".
Bei einem Erklärungsversuch wollen wir vom Argosmythus ganz abstrahiren, da wir ja nicht wissen, ob nicht erst durch die falsche Interpretation des Wt. der Mythus sich gebildet habe, für uns aber „die Etymologie der Namen zugleich Führerin und Schützerin der Mythologen" sein soll, wie Tylor I. p. 316 sich ausdrückt.
Die Form des W. zuerst anbelangend, so ist von den Dichtern Ἄργει dreisilbig gebraucht worden (Ameis schreibt desshalb ἀργεϊφόντης).
1) Von einer Dativbildung kann bei Ἄργεϊ keine Rede

sein, da allgemein Ἄργος, Ἄργον als Name des Hirten Argos deklinirt wird; ausserdem wäre bei Proller's Ableitung eher der Genetiv als der Dativ zu erwarten.

Desshalb weil in ἀργει kein Anzeichen für die Ableitung von Ἄργος zu entdecken, wird ein anderes Etymon vorzuziehen sein.

Für die Erklärung des an den Stamm gehängten ει bleibt nur noch die Annahme einer Adverbialbildung auf ι oder ει übrig (nach Buttm. gr. Gr. 119. 15. c. kann man zwischen ι u. ει nach den Bedürfnissen des Wohlklangs und des Metrums wählen). Aehnliche Bildung ist in den Eigennamen: Ναυσιφάνης, Καλλιφάνης, Δαϊφάντης, Ἀναξιμένης, Πασίμαχος etc.; mit dem Stamme ἀργ verbunden in ἀργιβόειος, ἀργικέραυνος, ἀργιμήτας, ἀργινεφής, ἀργιπόδης etc. Das ε könnte auch das Zeichen eines verlängerten Stammes ἀργ-ε (η) sein, wie in ἀργήεις, oder ἀργ-ο, wie in ἀργόθριξ; vgl. ἀμαχ-η-τεί von μαχε-, πανδημεί von δημο-. Doch steht der Annahme der Verlängerung die Thatsache gegenüber, dass man ebensogut ἀμαχεί wie ἀμαχί, πανδημεί wie πανδημί findet: somit ist die Annahme eines durch ε verlängerten Stammes ἀργ- zur Erklärung von ἀργει nicht nothwendig.

Jedenfalls ist ἀργει also als eine Adverbialbildung vom St. ἀργ- (ε, ο) zu fassen, der im gr. licht, hell, weiss bedeutet und im sk. in arg'-una-s = ἀργ-εννό-ς, im Lat. in arg-u-o, argentu-m etc. enthalten. Die 1. Silbe von ἀργεϊφόντης bedeutet demnach adverbialisch „hell, licht, weiss".

Dass die 2. Silbe φόντης nicht Tödter bedeuten kann, ergibt sich

1) aus der Form von ἀργει; wenn auch Il. 23. 651 ein ἀνδρειφόντης vorkommt, so entspricht doch diesem ein späteres ἀνδροφόντης, während wir jenem kein ἀργοφόντης zur Seite setzen können (übrigens kommt ἀνδρεϊφόντης und ἀνδροφόντης selten vor, gewöhnlich bei Hom. und den späteren ἀνδροφόνος, so dass auf diese Form kein Einwand zu gründen ist);

2) aus der seltenen Bedeutung von φόντης = Tödter; gewöhnlich ist die Form φονος: ἀντίφονος, Γοργοφόνος etc.

3) aus der Unwahrscheinlichkeit eines Zusammenhanges des in der Bedeutung licht etc. erwiesenen ἀργει mit φόντης Tödter.

Aus diesen Gründen ist a priori nach einer andern Erklärung von φοντης zu suchen. Sehen wir vom Suffix τη- ab, so bleibt der Stamm φον. Da nun die W. φα in φεν-, φόνος nicht zu gebrauchen ist, bleibt nur die W. φα in φαν-, φαν-ός etc. In Eigennamen finden wir nun die Zusammensetzungssilbe -φαων, -φοων, -φῶν, welche nach C. p. 279 zu φαΓ gehört, und davon kann mit Hinzunahme des Suffixes τη nach der Gleichung

ωρ : ορ-ο ∾ φων : φον-τη

φόντης abgeleitet werden.

Ausserdem kann man die Silben des Wt. φ. auch mit φαντης = φαντος zusammenbringen (*Διόφαντος* = *Διοφάντης*), dessen kürzere Form ohne Suffix φανης lautet, so *Ἀριστο-φάνης*.

Bedenken wir die von Curtius „Ueber die Spaltung des A-Lautes" nachgewiesene Differenzirung des ā in ĕ, ŏ (cf. Kuhn, Ztschr. V. p. 64; die äolische Form φόντης für φάντης betreffend cf. Ameis, Anh. z. Od. 1. 84. 2. A.) und die obigen Analogien, so können wir die Formel aufstellen

φα- (in φάος) : φο- (in ἄργυ-φο-ς und φῶ-(τ)-ς)
= φαν- (in φάντης) : φον- (in φόντης).

Die Bedeutung wäre demnach in φαντης und φοντης gleich, φοντης eine von d. W. φο abstammende Form, wie -φος, und wir würden somit die wegen doppelter Verwandtschaft bemerkenswerthe Formel erhalten

φο : φον = ἄργυ-φο-ς : ἀργει-φόν-τη-ς.

(Cf. C. p. 163 über ἄργυφος; ἀργυ durch ν verlängerter Stamm von αργ, wie in ἄργυ-ρο-ς.)

Bemerkenswerth ist diese Gleichung desshalb, weil bei den aus denselben W. zusammengesetzten Wt. ἄργυφος u. ἀργειφόντης auf eine nahe Verwandtschaft der Bedeutung geschlossen werden darf. ἄργυφος heisst „hellglänzend", und da ausserdem in φανός etc. die Bedeutung des „Glänzens" liegt, wird auch dieser Begriff in unserem ἀργειφόντης anzunehmen sein (das της bezeichnet hier, wie oft, ein männliches Wesen, das in Beziehung mit dem Gegenstand steht, den das Stammwort angibt; cf. Puttm. 119. 11. 1), und ἀργειφόντης wird demnach der „hellleuchtende" bedeuten, also der Beiname eines Lichtwesens sein.

Liegt nun aber keine Tautologie in der Cumulation der 2 Stämme ἀργ u. φα, die beide die helle, glänzende Erscheinung des Lichtes bezeichnen?

Zur Beantwortung dieser Frage stehen uns verschiedene Wege offen: 1. die Tautologie ist nicht zwecklos, da die beiden

Stämme durch ihre Zusammensetzung intensiv wirken, wobei die Intensivität entweder in die Form des Auftretens des Lichtes oder in das Wesen des Lichtes selbst gelegt werden kann, demnach ἀργ. entweder 2. „der schnell, plötzlich erscheinende", oder 3. „der glänzend erscheinende" bedeuten würde;
b. haben wir für die W. ἀργ nicht nur die Bedeutung hell, licht, sondern auch weiss, dann wäre ἀργειφόντης 4. „der weiss erscheinende" = „der weiss schimmernde" (ähnlich Welcker), ebenso wie ἄργυφος auch diese Bedeutung hat, wenn dieses Wt. als Attribut den μῆλα beigelegt wird; Od. 10. 35. Il. 24. 621. Auf diese Weise hätten wir vier Bedeutungen für ἀργ. gewonnen, die alle den gemeinsamen Begriff der „leuchtenden Erscheinung" haben; die Unterschiede ergeben sich nach der Verschiedenheit der Form und des Inhaltes der Erscheinung.

Ziehen wir ferner die Möglichkeit der Auffassung des weissen und schimmernden als des schnellen in Betracht (wie bei κύνες πόδας ἀργοί), so erhalten wir durch diese Begriffsevolution eine 5. Bedeutung für ἀργ „der schnell sich entfaltend schimmernde". Diese Bedeutung fällt zusammen mit der 2., die sich durch die Annahme des Eindrucks der intensiven Erscheinung des Lichtes für uns ergab.

(Ueber die Evolution des Begriffes der Schnelligkeit aus dem des Glanzes cf. C. p. 163. Nr. 121, wo er Nitzsch beistimmt in der Erklärung von ἀργίποδες.)

Aus diesen 4 (respective 5) Erklärungsweisen ist zu schliessen, dass Argeïphontes die Bezeichnung für einen Gott ward, der das auftauchende, sich entfaltende = aufgehende Licht darstellte; weissglänzend schimmern seine Strahlen, schnellfüssig eilen die hellen Lichtstreifen über Himmel und Erde hin. Bekannt ist die Erscheinung, dass bei reinem Aether, wie in Griechenland, Kleinasien, überhaupt im Orient, die Sonne mit weissem Lichte aufgeht. Die Röthe kommt von der Brechung der Strahlen im dunstigen Aether. Von je höherem Standpunkte man den Aufgang der Sonne betrachtet, desto weisser erscheinen der Sonnenkörper und seine ersten Strahlen; so sieht man vom Wendelstein oder der hohen Salve herab die Sonne in bläulich-weissem Schimmer auftauchen; die Wölkchen dagegen, die vor den Sonnenstrahlen herfliehen, sind stets röthlich gefärbt. Unter dem Argeïphontes verstand also nach der Etymologie der Naturmensch den Gott des Sonnenaufgangs, die über die Erde hin mit Win-

desschnelle, wie ein Jagdhund auf der Fährte eilenden, ersten Sonnenstrahlen, die aus der Dämmerung sich entweder entwickelten (= Geburtsmythus) oder die Nacht im Kampfe der Dämmerung mit den Schatten, der ersten Strahlen mit den davon eilenden Wolken besiegten (= Gigantenmythus). Ganz gut passt dann zum Gotte der weissschimmernd, eilend erscheinenden Strahlen die Combination mit διάκτορος in seinen 2 Hauptbedeutungen
1. = Erleuchter = Lucifer; dann ist mit δ. ἀργ. der Gott der erleuchtenden, weissstrahlenden, geflügelten Sonnenstrahlen bezeichnet,
2. = Renner, Stürmer, Verfolger, Jäger = Wuotan; bei der Verbindung von ἀργ. mit δ. in dieser Bedeutung trat die Darstellung der schnellen Verbreitung der Strahlen nach allen Seiten in den Vordergrund; metaphorisch versinnlicht entwickelt sich daraus die Vorstellung des δ. ἀργ. unter einem Jäger und schnellen Verfolger. Als Objekt für die Verfolgung bot sich dem mythusbildenden Naturmenschen, der, selbst Jäger, auch die ihm Tag für Tag imponirende Erscheinung der Sonne mit seinem Leben und Treiben in Berührung brachte, entweder die Schatten der zurückweichenden Nacht, oder die Wolken und Wölkchen, die sich wie das Wild flüchten vor den schnellen Pfeilen des Jägers, oder sich zu verstecken suchen vor den allsehenden, allesdurchdringenden Augen des ἐΰσκοπος ἀργειφόντης; Od. 1. 38.

Die Basis in der Sprache war gegeben durch die radicale Metapher von der glänzenden zur eilenden, zur verfolgenden Erscheinung. Von den vier Erklärungen für Argeïphontes entscheiden wir uns nicht für eine bestimmte; wahrscheinlich ist es, dass die vier, wie uns die Notizen der Alten (cf. oben) noch andeuten, im Bewusstsein des Volkes lebten, und dass für gewisse Stufen der Mythusentwicklung die eine und die andere Erklärung und Auffassung möglich war. Die Entwicklung des Wortes liegt in dem Einfluss der radicalen Metapher: nach den verschiedenen Perioden und Stämmen war die jeweilige Auffassung verschieden; bei diesem Stamme entwickelte sich diese Bedeutung, andere Cantone hielten in Uebereinstimmung mit ihrer ganzen Cultur die ursprüngliche fest. Für uns muss genügen die Basis zu diesen verschiedenen Auffassungen gefunden und die verschiedenen Möglichkeiten der Entwicklung eruirt zu haben. Durch die poëtische Metapher wurden weiter die einzelnen Mythen über den Sonnenaufgang und die ihn begleitenden Erscheinungen geschaffen, die nach dem Volkscharakter, dem Klima, nach der verschiedenartigen, unbewusst wirkenden Kraft der Phantasie bei den einzelnen arischen Völkern verschieden sich gestalteten (cf. unten in der 2. Abth.). Hier nur noch die Bemerkung, dass wir in διάκτορος ἀργειφόντης gleichsam ein versteinertes Sprachfossil zu erblicken haben, das in späteren Perioden bei der steten Fortentwicklung der mythologischen Begriffe und Vorstellungen nicht mehr in seiner Grundbedeutung verstanden wurde. Da jedoch die Struktur der Worte Anhaltspunkte für die Erklärung zu geben schien, bildeten die falsch erklärten Bestandtheile der Worte die Basis für neue, an die Worte sich anschliessende und sie erklärende Mythen ab (daher die Argostödtung; auch Pott scheint diese Auffassung zu haben nach Ameis zu Od. 1. 84). Formell blieb das Wort unverändert, doch verschiedener, falscher Sinn wurde „hineingeheimst", und später die ursprüngliche Bedeutung durch die vom Mythus geschlungenen Fäden völlig verdeckt und „verballhornt". Das einst aufgefundene menschenähnliche Skelett erklärte man für Mensch, Affe etc.; es war und blieb ein Salamanderfossil trotz aller Deutungen und Ableitungsversuche, trotz wissenschaftlichem Missbrauch.

(Cf. O. Müller. prol. p. 232 über die falschen Etymologien der Griechen in der Mythologie.)

Argeïphontes = Argostödter ist demnach eine falsche Ableitung späterer Zeit, die durch die Erfindung des Argosmythus motivirt werden sollte. So wurde unser Arg. zur Herstellung eines zwar schönen, aber durch die Natur der Sache nicht zu rechtfertigenden Mythus von Argos, den Hermes getödtet haben sollte, benützt. An spätere Auslegung dieses Mythus dürfen wir uns nicht halten; es gibt dieselbe blos einen Beitrag zur Geschichte des Argosmythus, durchaus keinen Fingerzeig für die genetische Deutung.

Was kümmert den praktischen Chemiker Liebig das wissenschaftliche Kauderwelsch eines Paracelsus? ein Geschichtschreiber der Chemie muss beide behandeln; was gelten einem Curtius die etymologischen Spielereien eines Cicero, selbst eines Scaliger? ein Geschichtschreiber der Linguistik muss jeden Faktor berücksichtigen.

Wir wollen also durchaus nicht den Werth einer Untersuchung über die Weiterbildung des Pseudo-Argos herabdrücken, nur wollen wir uns bei Untersuchung der **Grundbedeutung** eines mythologischen Begriffes dagegen verwahren, dass wir zu wenig Rücksicht auf die Weiterbildung desselben durch den Mythus nähmen. Ganz abgesehen aber von der Wahrscheinlichkeit einer Missdeutung des Wt. Ἀργειφόντης in diesem speziellen Falle ging später die Mythusentwicklung nach dem Eintreten einer neuen mythologischen Epoche, die mit der Consolidirung des Olympierkreises und dem übrigen Culturfortschritte eintrat, mit darnach modificirten, ja wesentlich anderen Faktoren vor sich, als den Faktoren, welche in der präolympischen Periode des reinen Naturmythus in Rechnung zu ziehen sind, so dass auch vom allgemeinen culturellen Standpunkte eine Umdeutung von Argeïphontes erklärlich wäre.

Unterstützt wird die Ansicht einer späteren Missdeutung und einer damit in Zusammenhang stehenden Erfindung des Argosmythus noch dadurch, dass bei Homer und Hesiod keine Andeutung dieser Dichtung sich findet. Die erste Erwähnung des Ἄργος γηγενής selbst erscheint bei Aesch. Prom. 568 f.

Ebensowenig geschieht in dem für H. wichtigen Hymnus im geringsten Erwähnung seiner Heldenthat, der Tödtung des Argos; hier hätte es, wäre der Mythus alt, doch vor allem geschehen können; er wird nur V. 94. 414 κρατύς, V. 387 κυλλήνιος genannt.

κρατύς ist ein allgemeines Attribut; hat es hier tiefere Bedeutung, so bildete sich dieses Beiwort von ἀργ. wahrscheinlich in der Periode, wo die Auffassung des Argeïphontes als Lichtgott unterzugehen begann, und man durch das etymologische Missverständniss verführt den Arg. umdeutete in den starken Argostödter. Κυλλήνιος geht auf die Heimath des H., auf Κυλλήνη.

(Richtig hat Dorfmüller, der zwar sonst als Beweismittel die spätesten Mythen herbeizieht, bei der Entwicklung der Grundidee des Hermes den argen Argosmythus übergangen.)

In's allgemeine Bewusstsein scheint die Missdeutung des Arg. in der Zeit des Sophocles und Euripides eingetreten zu sein, nachdem ihre Recipirung durch das Beiwort des H. κρατύς, welches wir bei Homer und Hesiod finden, vorbereitet war.

Es weisen uns also diese beiden Namen des H. *διάκτορος ἀργειφόντης* auf eine ältere vorhomerische Gestaltung des Hermesbegriffes hin, als dessen überlebende Rudimentbildungen (Ueberlebsel nach Tylor) diese Beinamen zu betrachten sind. Die Selbstständigkeit und das ursprüngliche Bewusstsein von der Bedeutung dieser Namen zeigt sich auch, wie schon oben erwähnt, in der noch erhaltenen Möglichkeit ihres selbstständigen Auftretens, ohne dass sie des Namens Hermes bedürfen: so ausser den oben citirten Stellen bei Hes. Op. 77. 84. Od. 8. 338.

Als Pendants zu *δ. ’αργ.* sind schliesslich die bei Tzetz. Lycophr. 680 vorkommenden Beinamen des H.

c. *λευκός* „leuchtend", *φαιδρός* „schimmernd" zu betrachten, ebenfalls Rudimente der Grundidee des H., nur dass diese Attribute klar aussagen, was bei *διάκτορος* und *ἀργειφόντης* erst eine längere Untersuchung an den Tag bringen konnte.

Mit der Consolidirung des homerischen Zeusreiches wurde auch die Stellung des Hermes im Götterkreise eine wesentlich andere. Diese Periode, deren Charakteristikum die Hegemonie des Zeus, war von der früheren vorhomerischen besonders dadurch unterschieden, dass jetzt in der homerischen Zeit die Anthropomorphisirung der Götter, die allerdings schon vorher durch die radicale Metapher vorbereitet war, jedoch ohne dass das Bewusstsein von der sinnlichen Bedeutung der Götternamen wesentlich gelitten hätte, jetzt zum Durchbruch kam: ein Prozess, der sich nicht nur in der Veränderung, Unterdrückung, Erweiterung einzelner mythologischer Begriffe verfolgen lässt, sondern der durch die dominirende Stellung des Zeus den Standpunkt aller Gottheiten, die vorher nach nationalen und klimatischen Differenzen als Lokalgottheiten oder als verschieden gedachte Auffassung der Naturkräfte verehrt worden waren, modificirte und verrückte. „Im Reiche des Zeus müssen sie Alle diejenige Gestalt annehmen, in welcher sie sich für dasselbe eignen, ohne darum ihr eigenthümliches inneres Wesen und ihre ursprüngliche Natur aufzugeben." Dorfm. I. 6.

Es wurde im Dienste des Kroniden aber nur die Seite des Wesens einer Gottheit hervorgehoben und gestärkt, die für den olympischen Götterkreis von Werth war; andere, welche die Integrität der Herrschaft des Himmelskönigs eventuell bedrohen konnten, wurden, wie Ausschösslinge an einem Baume, dessen Stamm in die Höhe gehen soll, beschnitten werden, in ihrer Entwicklung aufgehalten und mussten schliesslich verkümmern. Der Gott der Morgensonne, der Argeïphontes, spielte vorher im früheren Naturdienste der Griechen eine grosse Rolle, und seine Beziehungen zu dem Himmelsgotte Zeus waren besonders eng. Die Wichtigkeit seiner ehemaligen Stellung behielt er auch im olympischen Culte bei, seine Funktion aber wurde verdunkelt, und es musste der Olympier Hermes ein anderer werden, so gut wie aus dem Gotte des leuchtenden Himmels Zeus ein Vater der Götter und Menschen geworden war.

Der „eilfertige Renner", der „Gott der hellstrahlenden Morgensonne", der die frohe Botschaft des neuen Lichtes und Tages der noch im Schatten liegenden Erde und ihren Bewohnern mittheilt, der die Ankunft des leuchtenden Himmels verkündet, er wurde in dieser Eigenschaft als Vorläufer des hellen Tages, der nach poetischer Anschauung den Verkehr zwischen Himmel und Erde vermittelt hatte, jetzt auch nach Anthropomorphisirung der Natur zum Vermittler des Verkehrs zwischen Göttern und Menschen, zum Boten, zum Gesandten des Himmelsgottes Zeus.

Die Funktion der leuchtenden Gottheit trat somit in den Hintergrund, die Eigenschaft der schnellen Vermittlung aber wurde benützt dem Hermes seinen Platz und Rang im neuen olympischen Götterkreise anzuweisen.

(Ein für Allemal wollen wir hier bemerken, dass diese Phasen des Hermesbegriffes den Entwicklungsgang im Allgemeinen bezeichnen, dass aber rechts und links Ueberlebsel sich bildeten, indem wegen verschiedener Ursachen in verschiedenen Cantonen Griechenlands die Entwicklung des Hermes auf einer bestimmten Stufe stehen blieb, weil diese Entwicklungsstufe den Anschauungen seiner Verehrer entsprach, so in Arkadien, Hellas: wir betrachten aber nicht die Ueberlebsel seiner Bedeutungen an einzelnen Lokalitäten, sondern die Evolution seiner Grundidee im Grossen und Ganzen.)

Als Uebergang von ϑ. $\mathring{\alpha}\varrho\gamma$. zum $\varDelta\iota\grave{o}\varsigma$ $\mathring{\alpha}\gamma\gamma\varepsilon\lambda o\varsigma$ ist der Beiname d. $\varDelta\iota\grave{o}\varsigma$ $\tau\varrho\acute{o}\chi\iota\varsigma$ zu betrachten.

Aesch. Prom. 941 f. $\mathring{\alpha}\lambda\lambda'$ $\varepsilon\mathring{\iota}\varsigma o\varrho\tilde{\omega}$ $\gamma\grave{\alpha}\varrho$ $\tau\acute{o}\nu\delta\varepsilon$ $\tau\grave{o}\nu$ $\varDelta\iota\grave{o}\varsigma$ $\tau\varrho\acute{o}\chi\iota\nu$
  $\tau\grave{o}\nu$ $\tau o\tilde{\upsilon}$ $\tau\upsilon\varrho\acute{\alpha}\nu\nu o\upsilon$ $\tau o\tilde{\upsilon}$ $\nu\acute{\varepsilon} o\upsilon$ $\delta\iota\acute{\alpha}\kappa o\nu o\nu.$

Von besonderer Wichtigkeit ist diese Stelle desshalb, weil

dies Drama den Uebergang von der Titanen- zur Zeusherrschaft zum Hintergrunde hat; der Bote im neuen Reich heisst desshalb τρόχις, ein Name, der die alte Stellung des H. noch durchschimmern lässt.

τρόχ-ις von W. τρεχ ist der „Läufer" des Zeus und derselbe Beiname wie διάκτορος (von δι-ᾱκ) „der Renner". Dort aber selbstständig wie Wuotan und Janus, ist er hier schon eine von Zeus abhängige Gottheit, die nur aus der Vergleichung durch den Namen die Grundbedeutung erkennen lässt.

Im Zwiegespräch zwischen dem trotzigen Prometheus und dem gehorsamen Hermes wirft der Titane dem Boten des Zeus sein Dienstbarkeitsverhältniss vor (v. 966—970), das sich eben aus seiner Funktion als τρόχις Διὸς für Prometheus ergibt:

τῆς σῆς λατρείας τὴν ἐμὴν δυςπραξίαν
σαφῶς ἐπίστασ᾽ οὐκ ἂν ἀπαλλάξαιμ᾽ ἐγώ·
κρεῖσσόν γὰρ οἶμαι τῇδε λατρεύειν πέτρᾳ
ἢ πατρὶ φῦναι Ζηνὶ πιστὸν ἄγγελον.

Wegen dieser λατρεία nennt sich H. selbst Eur. Jon. 4.

e. *Διὸς λάτρις* cf. Suppl. 661. etc.

Er ist in den Sold des Zeus eingetreten, denn λάτρ-ις ist nach C. p. 338 „Söldner".

Diese zwei Beinamen bezeichnen uns den Uebergang vom Naturgott Hermes zum Gottmenschen H. im neuen Reiche des Zeus, wo er

f. als *Διὸς ἄγγελος* das Vollzugsorgan im Verkehr zwischen Götter- und Menschenwelt, der Himmelsbote wurde.

Dieser Uebergang ist noch in Spuren in der Auffassung des H. in den Perioden, wo Ilias und Odyssee entstanden, wahrnehmbar. In der Ilias B. 1—23 ist er stets der υἱὸς φίλος des Zeus, der διάκτορος ἀργειφόντης, der ἐριούνιος, σῶκος, aber nicht der Bote des Zeus; seine Stelle vertritt hier die Iris: Il. 2. 786: Τρωσὶν δ᾽ ἄγγελος ἦλθε ποδήνεμος ὠκέα Ἶρις; 3. 121. 15. 201. 23. 198.

Der beständige Besteller der Befehle des Zeus ist H. erst im 24. später gedichteten Buche der Ilias (cf. O. Müller. prol. p. 355).

In der Odyssee dagegen ist H. der eigentliche Götterbote, der definitive *Διὸς ἄγγελος* an Stelle der Iris, wie Od. 5. 29. beweist:

Ἑρμεία· σὺ γὰρ αὖτε τά τ᾽ ἄλλα περ ἄγγελός ἐσσι.

In der Uebergangsperiode von der Ilias zur Odyssee muss

sich also der in der Ilias noch allgemeiner gedachte Begriff des H. umgewandelt haben zum „privilegirten" Himmelsboten. Den Grund, warum gerade H. dieser Idee Ausdruck geben musste, gibt uns Il. 24. 334 f.:

*Ἑρμεία · σοὶ γάρ τε μαλίστά γε φίλτατόν ἐστιν
ἀνδρὶ ἑταιρίσσαι, καὶ τ᾽ ἔκλυες ᾧ κ᾽ ἐθέλῃσθα.*

Zeus nimmt ihn darnach zum Geleiter des Priamos und gebraucht ihn als Boten, weil er den Umgang mit den Menschen am meisten liebt und die Macht hat, wem er wohl will zu nützen. Mit dieser Stelle ist der Uebergang des H. vom Naturgotte, dem *διάκτορος* und *ἐριούνιος*, zum Diener im Olymp motivirt durch sein Bestreben sich nützlich zu machen, und seine ehemalige selbstständige Stellung schimmert noch durch die Befehle seiner jetzigen Gebieter hindurch.

(Cf. die Abwechslung von *ἐριούνιος* Il. 24. 360. 440 mit *δ. ἀργ.* Il. 24. 389. 410.)

Offenbar ist also bei Vergleichung der 23 ersten Bücher der Ilias, dem 24. B. und der Odyssee mit einander eine Entwicklung des Hermesbegriffes zu constatiren vom allgemeinen zum speziellen; dem entsprechen auch die Mythen in der Ilias; in diesen erscheint er stets als der Helfende *ἐριούνιος* (so 14. 290. 16. 179), der von selbst freiwillig Segen und Beistand bringt, während diese Eigenschaft in der Odyssee seltener und dann nur auf Befehl zum Vorschein kommt, also „latent" ist.

(Letzteres beweist auch das Bringen des schützenden Moly Od. 10. 307, wo H. als Bote wieder zum Olymp zurückkehren muss; wenn auch nicht ausdrücklich gesagt ist, dass er das Kraut auf Befehl des Zeus bringt, müssen wir es doch annehmen, da er in der Odyssee nur als *Διὸς ἄγγελος* erscheint.)

Von der Vorstellung des speziellen Dienstes bei Zeus ist der Uebergang zum Diener der Götter überhaupt, soweit diese einzelne Seiten des Wesens von Zeus repräsentiren, — und dies ist bei allen olympischen Göttern der Fall — leicht zu begreifen; so wird H. zum:

g. *ἄγγελος, κῆρυξ, ὑπηρέτης θεῶν*:
Od. 5. 29. Pind. Ol. 6. 132. *θεῶν κάρυκα — Ἑρμᾶν*,
Hs. Theog. 939. *κῆρυκ᾽ ἀθανάτων*,
Prom. 945. *ὡς θεῶν ὑπηρέτου*,
Hym. auf Pan. v. 28 ff.:

οἷόν θ᾽ Ἑρμείην ἐριούνιον ἔξοχον ἄλλων
ἔννεπον, ὡς ὅγ᾽ ἅπασι θεοῖς θοὸς ἄγγελός ἐστι.

Der Götterbote wird dann verallgemeinert zum κῆρυξ überhaupt, zum Patron der attischen Herolde in Athen, so dass es Agam. 515 von ihm heisst:

Ἑρμῆν, φίλον κήρυκα, κηρύκων σέβας.

Darauf beziehen sich die Beinamen
h. ἀτάσθαλος ἀγγελιώτης nach H. H. v. 296, εὐάγγελος nach Hes. Die Eigenschaft und Funktion des H. als κῆρυξ ist so bedeutend, dass sie nach einem allgemeinen Gesetze in der Mythologie von ihm getrennt und als eigne Personifikation in Form eines Sohnes von H. aufgefasst wird:

Keryx ist Sohn des Hermes und der Aglauros cf. P. 1. 38. 3.

Ebenso wird die ἀγγελία personificirt und als des H. Tochter betrachtet: Aggelia cf. Pind. Ol. 8. 107.

Als Ausfluss des Heroldamtes ist ferner zu betrachten der Beiname

i. αἰπύτης bei P. 8. 47. 4, wo in Arkadien ein Ἑρμοῦ ναός αἰπύτου erwähnt wird. Wenn nun nicht an dieser Stelle ναὸς αἴπυτος zu lesen ist (der Beiname kommt nur hier vor und ν und ς sind leicht zu verwechseln), so ist αἰπύτου abzuleiten von αἰπύτης, contrahirt ἠπύτης (ἠπύτα), dem Beinamen der Herolde bei Homer, so Il. 7. 384, und stammt von ἠπύω (dor. ἀπύω) rufen = Rufer; cf. Hs. Op. 79. ἐν δ᾽ ἄρα φωνήν θῆκε θεῶν κῆρυξ; cf. den Wettkampf des Stentor mit Hermes.

Als ὑπηρέτης θεῶν wird H. ferner betrachtet als

k. οἰνοχόος = Mundschenk; Athen. 10. 25; eine Funktion die mit dem Amte des Opferers, Opferheroldes eng verbunden ist; cf. Prell. gr. M. p. 332.

Hieher werden auch wahrscheinlich die beiden etwas dunklen Beinamen H. H. 436

l. πονεύμενος, δαιτὸς ἑταῖρος zu ziehen sein. πονεύμενος = πον-ευμενος entweder vom epischen πονεῖσθαι sich anstrengen „der angestrengte", „der sich anspannende" (πον. ahd. span in spannan), oder = πεν-εύμενος vom St. πεν in πένομαι besorgen, fertig machen, also ein Beiname seiner Heroldsthätigkeit = „Mühwalter," „Arbeiter."

δαιτὸς ἑταῖρος wird er wahrscheinlich genannt als Opferer, der am Opfermahle stets Theil nahm.

(Vom Hermes Kadmilos (Kasmilos) vielleicht der Name der römischen Opferknaben camillus, casmillus? Varro. l. l. 7. 34.) Als κῆρυξ war ihm aber nicht nur eine Stentorstimme, sondern auch ein gutes Gedächtniss nöthig. Daher hat er einen Sohn Αἰθαλίδης (v. W. αἰθ und Suffix αλ = Sohn des Glänzenden; cf. C. p. 235.), der, durch sein Gedächtniss berühmt, der Argonautenherold ist (Appoll. Rhod. 1. 54. 3. 1174): eine Abstammung, wodurch sich wie oben eine Eigenschaft des H. manifestirt. Das Attribut der Stimme und des Gedächtnisses setzen den κῆρυξ in Verbindung mit dem δόλιος; cf. unten.

Zu dieser verschiedenen Thätigkeit als Herold, Mundschenk, Opferer kommt H. erst nach seiner Aufnahme in den olympischen Kreis; wir können ihn in diesen Eigenschaften kurz als οὐράνιος bezeichnen, — doch verwahren wir uns dabei dagegen, als ob wir uns damit an die mystische ägyptische Ableitung der Hermesidee bei Dorfmüller anlehnen wollten. (Sein Beiname ἀέριος ist, wenn er nicht auf fremden Einfluss zurückgeht, mit ἐριούνιος in Verbindung zu bringen; als ἀέριος kommt H. vor bei Dio Cassius 71. 8, wo er dem Marcus Aurelius auf seinem Zuge gegen die Markomannen durch eine Anrufung Regen verleihen soll, wobei die Cultusformeln von Aegyptiern angewandt werden.)

Doch nicht nur auf Erden als *ἐριούνιος*, im Olymp als *οὐράνιος*, auch in der Unterwelt waltet der vielseitige Hermes als *χθόνιος*.

9. προςέληνος, *ψυχοπομπός*, πομπός, ψυχαγωγός = εἰς Ἅιδην ἄγγελος, (ταμίας τῶν ψυχῶν), χθόνιος, νύχιος, νυκτὸς ὀπωπητήρ, ὑπνοδότης, ἡγήτωρ ὀνείρων, ὀνειροπομπός, Ἑρμῆς für Spende.

Als Hadesgott vermittelt H., wie er als Himmelsbote den Verkehr zwischen Himmel und Erde herstellt, den Verkehr zwischen Erde und Unterwelt. Diese neue Mittlerstellung erklärt sich leicht als eine Verallgemeinerung seines Heroldamtes. — Den Uebergang zwischen dem Heroldamte oben und unten, und zugleich die Verbindung beider Sphären geben uns die Worte der Electra in den Choephoren v. 124 f.:

κῆρυξ μέγιστε τῶν ἄνω τε καὶ κάτω
ἄρηξον, Ἑρμῆ χθόνιε, κηρύξας ἐμοί
τοὺς γῆς ἔνερθε δαίμονας κλύειν ἐμὰς εὐχάς,

Worte, in denen er zuerst allgemein als Herold, dann speziell als Vermittler in der Unterwelt und desshalb als χϑόνιος angerufen wird.

Wie wir, um einen Versuch zur Erklärung des Heroldamtes bei H. zu machen, für den H. οὐράνιος die allgemeine Basis in den Namen διάκτ. ἀρy. fanden, aus denen sich die Vermittlerrolle entwickelte, so ist die in diesen Beinamen liegende Grundidee auch wo möglich zur Erklärung seiner Unterweltsfunktionen anzuziehen.

Schatten- und Sonnenreich hieng in der Sage eng zusammen, wie O. Müller prol. p. 368 f. beweist. Nahe der Gegend der Nacht und des Todes wohnt die sonnenhafte Circe, weiden die Rinder des Helios; die Heerden des Geryoneus (∾ Helios) und des Hades weiden auf einer Insel etc. Den Grund gibt aber O. Müller nicht an.

Im Westen ist diese Verbindung der beiden extremen Reiche stets gedacht, weil sie dort an einander grenzen, indem die Sonne im Westen untergeht, und dort das Reich der Finsterniss und des Todes = Hades beginnt.

Nur von diesem lokalen Zusammenhange aus betrachtet ist dieser auffallende Connex zwischen entgegengesetzten mythologischen Objekten zu begreifen; wie Licht und Finsterniss an einander grenzen, so sind auch Tod und Leben einander benachbart, und durch eine radikale Metapher wurden dann Licht und Leben, Nacht und Tod identificirt, so dass die lichten olympischen Götter die Repräsentanten des Lebens wurden, der Hades als Schatten- und Todtenreich bezeichnet wurde.

Bei Phoebos-Apollon, dem Gotte des blendenden, brennenden Lichtes sind desshalb a priori Beziehungen zum Schattenreiche vorauszusetzen: und sie liegen vor uns, wenn wir an seine todbringenden Pfeile in der Ilias denken, wenn er Agam. 1082 als ἀπέλλων „Vernichter" angerufen wird, wenn seine Rinder beim Schattenreiche im Westen weiden; doch sind diese Beziehungen mit ihm „dem furchtbaren Lichtgotte" verknüpft, und nicht im Wesen seiner Idee begründet, sondern in den möglichen Folgen seiner mythologischen Hauptfunktion.

Im Allgemeinen müssen wir daher auch bei dem Lichtgotte διάκτορος ἀρy. Beziehungen zur Nacht von vornherein annehmen; die spezielle mythologische Anschauung, wodurch H. mit der Unterwelt in innige Beziehung trat im Gegensatz zu

Apollo, der mit dem Hades nicht wesentlich verbunden sich zeigt, erschliesst sich uns durch die Bedeutung eben der Worte διάκτ. ἀργ.

So gut man den Argeïphontes als **aufgehenden Lichtgott** betrachtete, der in der Dämmerung aus den Schatten ersteht, mit demselben Rechte konnte, ja musste man ihn als den Gott des **untergehenden Lichtes** bezeichnen, der durch die Abenddämmerung zu seinem Ausgangspunkte, den Schatten, zurückkehrte. Wenn der Naturmythus einen sich wiederholenden Naturprozess als ein göttliches Wesen darstellt, so musste Hermes, war er der Gott des Sonnenaufgangs, auch zum Gotte des Sonnenuntergangs werden, da die analogen **symmetrischen** Erscheinungen des Sonnenauf- und untergangs im Gemüthe des Naturmenschen die Ideen der Aehnlichkeit, ja der aus der symmetrisch umgekehrten Reihenfolge der einzelnen Phasen der ganzen Naturerscheinung folgenden Identität beider Naturprozesse hervorrufen mussten. (Getrennt werden solche symmetrische Erscheinungen personificirt als Zwillinge gedacht, daher Hermes biceps, Janus geminus, Yama der Zwilling cf. unten.) Beim Aufgange erscheinen die Strahlen als Boten des Himmels zur Erde; gehen die Strahlen allmählig unter im Schattenmeere, so sind sie gleichsam die Boten des Himmels und der Erde zum Reiche der Finsterniss, das im Westen liegt, weil dort die untergehende Sonne seinen Anfang setzt. So war nach dieser Doppelauffassung des διάκτορος ἀργειφόντης H. zugleich Gott des **entstehenden** und **vergehenden** Lichtes; als ἄγγελος war er einerseits der Himmelsbote, der οὐράνιος, andrerseits der nothwendige Geleiter zum Todtenreiche, der χϑόνιος. Mit der Idee der Verbindung von Licht und Leben, Nacht und Tod, mit der Uebertragung von Naturprozessen auf speziell menschliche Verhältnisse, mit der Verschmelzung von Objekt und Subjekt, Sache und Person, Natur und Gott, mit dem Eintreten der Periode der Anthropomorphisirung wurde der Lichtgott Hermes zum Himmelsboten im Olymp und zugleich im Antipodenreiche, im Hades, zum Seelenführer. Wie zwei complementäre Farben sich ergänzen, sich gegenseitig hervorrufen, und **miteinander** nothwendig erstanden sein **müssen**, so ist auch das Verhältniss von H. κῆρυξ τῶν ἄνω und H. κῆρυξ τῶν κάτω als nothwendig complementäre mythologische Erscheinung aufzufassen, die ihren

Grund in den symmetrischen Naturerscheinungen des Sonnenauf und -niedergangs hat. So erklärt sich vor Allem sein Beiname a. προσέληνος = der, welcher dem Aufgang des Mondes vorhergeht d. h. der Gott der untergehenden Sonne, nach welcher der Mond am Himmel erscheint; als solcher wurde er in Arkadien verehrt, cf. Anthol. Palat. 9. 441.

Von seiner Thätigkeit im Hades leiten sich ferner folgende Namen ab:

b. ψυχοπομπός, ψυχαγωγός, auch blos πομπός, πομπαῖος. Auf seine Unterweltsthätigkeit geben auch die Verse 577 f. im H. H.

τὸ δ' ἄκριτον ἠπεροπεύει
νύκτα δἰ ὀρφναίην φῦλα θνητῶν ἀνθρώπων.

assiduo itinere (Hyg. fab. 251) geleitet er die Seelen von der Oberwelt zum Hades, ein Geschäft, das er Nachts zu verrichten hat, wie er Lucian d. d. 24 selbst sagt. Jeden Tag steigt ja die Sonne in das Dunkel hinab, und während jeder Nacht hat desshalb der Gott der erstehenden und untergehenden Sonne die Todten dem Schattenreiche zuzuführen.

Ebenso führt H. die Schatten wieder aus der Unterwelt empor, so im Geleite mit Athene den Heracles: Od. 11. 626, so in den Choephoren v. 147, und in den Persern v. 628.

Desshalb bringt auch der κρατὺς ἀργειφόντης die Persephone im Hym. in Dem. v. 335—383 zu ihrer Mutter zurück, d. h. die erwachende Sonne bringt die erstorbene Natur zum Leben zurück, und Blumen und Blüthen erscheinen auf der Mutter Erde durch die Macht der erstarkenden Sonnenstrahlen.

Damit ist der Berührungspunkt zwischen dem ἀργειφόντης und dem ψυχοπομπός gegeben; beide nur verschiedene Auffassungen Eines Wesens haben hier bei Heracles und Persephone dieselbe Funktion.

Aus dem in H. ursprünglich liegenden Begriffe des Gottes der untergehenden Sonne erklärt sich auch die Erscheinung, dass er allein die stete Verbindung zwischen Ober- und Unterwelt herstellt, während die andern mit dem Hades in Verbindung stehenden Götter entweder den Hades selbst repräsentiren, so Pluto-Hades, oder nur gezwungen in der Unterwelt sich aufhalten wie Heracles, Persephone, Orpheus. Desshalb raubt ferner der im „Hohlberg" Kyllene geborene Hermes gleich am Abend seiner Geburt die Rinder des Helios-Apollo; H. H. v. 18. Die ganze Handlung spielt während der Nacht, am Morgen v. 143 kommt er nach Kyllene zurück. (H. H. 19 ist für eine spätere aus Cultusinteressen eingeschobene Interpolation zu halten, dann können wir v. 17. 18, die Baumeister ebenfalls eingeschlossen hat, erhalten.) Ohne uns auf eine spezielle Erklärung des Mythus einlassen zu wollen, ist hier nur zu bemerken, dass H. im Hymnus früh und Abends in seiner Heimath als anwesend gedacht wurde, von wo aus er am Abend auf Abenteuer ausgeht und zwar nach Westen, indem er die Rinder des Apollo nach Pylos an den Alpheus treibt v. 101. 139, von wo sie der Sonnengott wieder zurückbringt.

Die Elemente seiner solaren und chthonischen Wirksamkeit sind im Mythus verbunden und deutlich zu erkennen; solar ist die Rivalität mit Apollo, der Raub seiner Rinder, sein Aufbruch am Abend nach Westen, seine Rückkehr am Morgen nach Osten; chthonisch ist das Abenteuer während der Nacht, das Verbergen der Heerde in der Höhle in Pylos (im messenischen Pylos nach Preller gr. M. I. p. 314. 3; cf. P. 4. 36. 3).

Die Seelengeleitung (Psychopompie) des Hermes tritt besonders in den Choephoren des Aeschylus in den Vordergrund; ihm fällt die Hauptrolle bei der Rache des Orestes zu; (cf. O. Müller gr. Liter. p. 103), ihn ruft Orestes desshalb gleich Anfangs an v. 1:

$$\text{Ἑρμῆ χθόνιε, πατρῷ' ἐποπτείων κράτη.}$$

Ebenso ruft ihn Electra an in der schon oben betrachteten Stelle v. 124 und am Schlusse ihrer Rede v. 147 f.:

$$\text{ἡμῖν δὲ πομπὸς ἴσθι τῶν ἐσθλῶν ἄνω}$$
$$\text{σὺν θεοῖσι καὶ Γῇ καὶ Δίκῃ νικηφόρῳ.}$$

Weil er die Seelen heraufführen kann, wird er auch zu diesem Zwecke bei Geisterbeschwörungen angerufen; so in den Persern v. 628 f., wo er ebenfalls wie in den Choephoren in Verbindung mit der Gē den Geist des Darius auf die Oberwelt bringen soll:

$$\text{ἀλλὰ, χθόνιοι δαίμονες ἁγνοί,}$$
$$\text{Γῇ δὲ καὶ Ἑρμῆ, βασιλεῦ τ'ἐνέρων,}$$
$$\text{πέμψατ' ἔνερθε ψυχὰν ἐς φῶς.}$$

So mit der Unterwelt in enge Verbindung gesetzt wird Hermes c. zum χθόνιος. Der Uebergang vom πομπός zum χθόνιος liegt in obiger Stelle im Prädikate βασιλεὺς ἐνέρων „Herrscher der Todten." Er führt und beherrscht die Seelen, streift so an die Machtsphäre des Hades, wird desshalb mit ihm identificirt. Dies geschieht bei der Citation des Darius, wo oben Gē und Hermes als Vertreter der Unterweltsgötter angerufen werden, in der 2. Strophe v. 650 mit dem Namen Aidoneus, der, da er noch dazu ἀναπομπός genannt wird, mit dem oben angerufenen βασιλεὺς ἐνέρων-Hermes gleichzusetzen ist, wobei die Beinamen wegen dieser Identificirung vertauscht werden konnten, so dass Hermes der „Unterweltskönig", und Hades der „Seelenführer" heisst. Bei Sophocles wird Hermes mit Hades zugleich angerufen. — Soph. El. 110:

ὢ δῶμ᾽ Ἄιδου καὶ Περσεφόνης,
ὢ χθόνι᾽ Ἑρμῆ . . . —

ja ausdrücklich für ihn gesetzt bei Aristoph. Nub. 1234, wo Zeus, Poseiden, Hermes als die Vertreter der drei Reiche genannt werden.

Als χθόνιος ist er auch, wie wir schon gesehen, mit der Gē oder der Persephone verbunden: Oed. Kol. 1547 f. heisst es:

τῇδε γὰρ μ᾽ ἄγει
Ἑρμῆς ὁ πομπός ἥ τε νέρτερα θεός.
(νέρτερα θεός = Persephone.)

Die Entwicklung der Psychopompie des H. können wir verfolgen an der Hand der verschiedenen Schriftsteller. In der Odyssee ist er ursprünglich nur verwandt für die Unterwelt als ἄγγελος in Verbindung mit Athene Od. 11. 626; doch kommt er auch schon als ψυχοπομπός vor, so Od. 24. 1—10, während sonst noch bei Homer die Schatten ohne Geleite in den Hades hinabsteigen: Od. 6, 11. 10, 560. 11, 425. In die Odyssee ist somit der Uebergang vom allgemeinen ἄγγελος zum speziellen Seelenführer zu verlegen, während im Hymnus dem Hermes schon ganz speziell (ohne Athene) und continuirlich dieses Amt übertragen ist: v. 572. v. 577. Bei Aeschylus ferner ist H. weiter gebildet nicht nur Seelenführer, sondern χθόνιος überhaupt, Herrscher über die Seelen, die er nach Belieben auf die Oberwelt zurückführen kann; und bei Sophocles wird er als coordinirt dem Hades und der Persephone angerufen und so in der

Machtsphäre, nicht nur in der Person wie in den Persern, mit Pluto identificirt.

Aus dem homerischen *Διὸς ἄγγελος* wird also bei Sophocles der chthonische *πομπός*; Ai. 832. Oed. Col. 1548. Als Ueberlebsel der älteren Anschauung ist das Wortspiel des Apollo in den Eumeniden v. 91 bei Aeschylus anzusehen:

*πομπαῖος ἴσθι, τόνδε ποιμαίνων ἐμὸν
ἱκέτην....,*

wo in der Nebeneinandersetzung am *πομπαῖος* und *ποιμαίνων* die ältere Darstellung des H. als *ἐριούνιος* durchschimmern möchte. In der Od. 24. 10 heisst er als Geleiter der Freier noch *Ἑρμείας ἀκάκητα* der „Heiland". Hier also sehen wir die Funktionen des H. *ἐριούνιος* und des H. *χθόνιος* noch ungetrennt, während später diese Begriffe immer mehr convergirten, so dass zuletzt die verschiedenen Bedeutungen des H. ganz unermittelt neben einander stehen, und man den *χθόνιος, ἀργειφόντης, ἐριούνιος* ohne die Vermittluhg seiner Begriffsbasis als Gott der auf- und untergehenden Sonne als ganz verschiedene Wesen auffassen müsste, die blos im Namen Hermes ein lockeres äusseres Band der Einheit erhalten hätten.

Noch mehr erweiterte sich ferner die Bedeutung des H., wenn er bei Aristophanes Plut. 649 angerufen wird *ὦ δέ σποθ Ἑρμῆ,* und er bei Hes. wie Pluto als *εὐρυμέδων* „Weitherrscher" bezeichnet wird.

Die Pythagoreer fassten den H. *πομπός* dann mystisch al[8] *ταμίας τῶν ψυχῶν* auf und knüpften an sein Amt ihre Vorstellungen von der Seelenwanderung an (cf. Prell. gr. M. I. p. 331), eine Auffassung, die wir als den letzten Ausläufer des Hermes *πομπός* betrachten können.

Den Uebergang vom Geleiter der Schatten zum d. *νύχιος* möchte das auf Inschriften vorkommende *γηκάτοχος* u. *κάτοχος* (cf. Prell. gr. M. I. p. 330. 4) bilden; die Nothwendigkeit der Erscheinung des Beinamens *νύχιος* selbst liegt in dem Prädikat *χθόνιος*; der Hades war dunkel, also auch der im Hades weilende (cf. Gerh. gr. M. §. 435 über Hades).

Soll *κάτοχος = κατ-οχ-εύς* aktiv „der Festhaltende" bedeuten, mit welcher Vorstellung von H. wäre dieser Name in Verbindung zu bringen? Jeder Zug des H.-Bildes spricht gegen diese Deutung. Eben so wenig passt zu den Eigenschaften des H. die passive Bedeutung *κάτοχος* „begeistert"; umsoweniger dann, wenn wir die Verbindung γη-κάτοχος von diesem Standpunkte aus erklären wollten.

Es ist desshalb — οχος auf eine andere W. als οχ = σεχ „halten" zurückzuführen, und diese wird die W. εχ = Γεχ mit Umlaut in ὄχο-ς, ὀχέ-ομαι sein; skr. vah, vah-â-mi = lat. veh-o, goth. ga-vag-ja, be-weg-e; cf. C. p. 181. 182. Der Grundbegriff dieser W. ist nach Curtius „bewegen", also κάτοχος aktivisch der „sich hinab bewegende", „der hinab gehende" = „der untergehende". Das Wort κάτοχος würde also das umgekehrte Ziel der Bewegung von διάκτορος bezeichnen; und wie Sonnenauf- und -untergang analog-symmetrische Erscheinungen sind, so würden diese Beiwörter auf die beiden Hauptfunktionen des Gottes des Sonnenauf- und -unterganges sich beziehen und die analogen Wortformen der symmetrischen Begriffe repräsentiren.

Es wäre dann

W. δι-ακ : W. κατ-εχ = διάκτορος : κάτοχος
= Aufgang : Untergang der Sonne.

(Ἀντί-οχο-ς ist dann nicht „Standfest", sondern „der Entgegentretende", „der sich entgegen wendende" = adversarius.)

γη-κάτοχος wäre dann der Hermes χθόνιος, der zur oder in die Erde sich niederbewegt, und der eben desswegen zum χθόνιος wird. Dieser Beiname drückt so erklärt noch spezieller als κάτοχος das Endziel der Bewegung des Gottes aus: nämlich die Erde.

Im mythologischen Sinne verhält sich dann:

διάκτορος : οὐράνιος u. ἀργειφόντης = κάτοχος : χθόνιος oder νύχιος,

d. h. in demselben Verhältnisse, in dem der Aufgang des Lichtes zum lichten Himmel = Tag steht, steht auch der Untergang desselben zum dunklen Erdenschoos = Nacht.

Auf diese doppelte Weise durch einfache logische Ableitung der Nacht aus dem Hades, den Consequenzen aus dem Wt. χθόνιος (cf. Soph. Trach. 501. ἔννυχον Ἄιδαν) und mittelst der mythologischen Brücke des Beinamens κάτοχος (γηκάτοχος) erklärt sich das Prädikat des II. νύχιος und ἐννύχιος, das seiner Lichtnatur ganz zu widersprechen scheint, zur Genüge.

Choeph. v. 727. νύχιον δ᾽ Ἑρμῆν.
H. H. v. 284 ἔννυχον,
v. 290. μελαίνης νυκτὸς ἑταῖρε.

Man könnte allerdings einwenden, diese Prädikate kämen dem H. zu wegen seiner nächtlich sich bezeugenden Diebsnatur, dann aber wäre er nicht von vorn herein der *νύχιος*, und der Mythus vom Raube der Rinder hätte sich überhaupt nicht bilden können, wenn dem H. das basirende Moment, das im Beinamen *νύχιος* liegt, gefehlt hätte.

Zu derselben Begriffssphäre gehört ferner auch der H. H. v. 15 vorkommende Name e. *νυκτός ὀπωπητήρ* ein *ἅπαξ εἰρημένον* = dem gewöhnlichen *ὀπτήρ* „der Seher in die Nacht." Wegen der reduplicirten W. *οπ* und dem einmaligen Vorkommen scheint dieses W. ebenfalls wie *ἀργειφόντης* etc. ein nur hier in dem Cultusgesange erhaltenes „Ueberlebsel" aus einer frühern mythologischen Periode zu sein, in der man sich die letzten Strahlen der Sonne personificirt als in die Nacht sehend, in die Finsterniss hinausspähend dachte. Ein ganz ähnlicher Begriff ergibt sich, fassen wir *νυκτός* als Genetivus subjectivus, also der „Späher der Nacht." Der Späher steht wie der Vorposten auf der äussersten Grenze, und H. steht so „als Späher der Nacht" am Uebergange der Nacht zum Licht: ein Beiname der sich ebensogut mit dem Sonnenauf- als -untergange in Beziehung setzen lässt, da in beiden Fällen dieser Uebergang stattfindet.

Da der chthonische H. der „nächtliche" genannt wird, hat er es auch logischer Weise mit den Erscheinungen, den Folgen der Nacht zu thun für die Menschen, und da er auf der andern Seite *ἐριούνιος* ist, kann die Wirksamkeit des H. auch auf diesem Gebiete nur eine heilsame für die Menschheit sein. Es bringt desswegen der *νύχιος* den Menschen Träume und Schlaf als f. *ὀνειροπομπός, ἡγήτωρ ὀνείρων, ὑπνοδότης*.

In der Ilias gibt es noch keinen speziellen Traumgott. Il. 2. 6 wird *ὄνειρος* personificirt, *Διός ἄγγελος* heisst er v. 26, jedoch ohne dass dabei Hermes ins Spiel kommt, wahrscheinlich, weil es ein verderblicher Traum ist; v. 6. *οὖλον ὄνειρον*.

Erst im 24. B. v. 455 ist H. Bringer des Schlafes, den er durch Berührung mit seinem Zauberstabe nach Belieben bewirkt; 24. 343 f. H. bringt die Gestalten des Tages gleichsam als Schemen aus der Unterwelt dem Menschen wieder ins Bewusstsein, indem er die Träume mit seinem Stabe heraufführt, wie er die Schatten zum Hades hinabgeleitet und sie von dort wieder emporführt: so entspricht dem *ψυχοπομπός* der *ὀνειροπομπός*:

ein Prädikat, das als eine Folgerung aus dem ersten zu betrachten ist. Ein anderes Wort für denselben Begriff ist H. H. 14 ἡγήτωρ ὀνείρων „der Führer der (personificirten) Träume." Bringt H. Träume, so muss er auch deren Voraussetzung, den Schlaf, bewirken können, daher heisst er ὑπνοδότης. So schläfert er bei Apollodor mit Stab.und Flöte den Argos ein. Der Schlafgott ward desshalb von den Tagesmüden mit Trankopfern geehrt, so Od. 7. 137 von den Phäaken; cf. Plat. Symp. 7. 9. Sein Bild war an den Fussgestellen des Bettes angebracht; Schol. zu Od. 11. 138.

Man betete zu ihm um gute Träume und der Schlaftrunk selbst, den man ihm darbrachte, und von dem man selbst trank, hiess
                            g. Ἑρμῆς; Poll. 6. 16
(desswegen ἑρμῆν ἕλκειν = den letzten Zug thun; Athen. 1. 32. b.)

10. πολύτροπος, ποικιλομήτης, ἠπεροπευτής, δολοφραδής, δολομήτης, κακομήδης, αἱμυλομήτης δόλιος, μηχανιώτης, κλεψίφρων, ληϊστής, φέναξ, ψιθυριστής.

Aus dem dem H. immanenten Begriffe des allgemeinen Segens ergab sich, dass er auch zum Patron der Diebe wurde, eine Funktion, die bei einem Wesen, das sonst nur als Anstoss zu segensreichen Verhältnissen wirkt, immerhin auffallen kann; doch seine vollständige Erklärung findet dieser Umstand, beziehen wir diese seine Eigenschaft auf seinen Charakter als νύχιος. Die Nacht schützt den Dieb, der desshalb meist unter ihrem Deckmantel seine Pläne ausführt. H. Gott des Zwielichtes und der Nacht konnte desshalb wohl der Schutzpatron der Diebe werden.

Doch ist von einem allgemeineren Standpunkte aus betrachtet dieses Verhältniss zu den Dieben nur ein Ausfluss der ihm beigelegten List und Schlauheit überhaupt: ein ethischer Zug, der sich wieder am besten aus seinem zweideutigen, zwischen Licht und Finsterniss schwankenden, Nacht und Tag bedeutenden physikalischen Grundwesen wird erklären lassen. Da er in der materiellen Welt zwischen polaren Gegensätzen schwankte, mussten auch seine ethischen Eigenschaften diesem Verhältniss entsprechen, da das geistige Moment aus der sinnlichen Basis abzuleiten ist. Phöbus-Apollon, der Gott des reinen Lichtes, ist ethisch dem analog Gott der Humanität, die Leuchte auf geistigem Gebiete; Hermes Gott des Lichtes und der Finsterniss ist in ethischer Beziehung schwankend zwischen Gut und Böse, beider Gegensätze theilhaftig, vermittelnd zwischen beiden Polen.

Besonders reich an solchen Beinamen, die seine Schlauheit, List, Verschlagenheit bezeichnen, — lauter Eigenschaften, die in der Mitte zwischen Gut und Bös stehen und zu jedem der beiden Gegensätze sich eventuell rechnen lassen können — ist der Hymnus auf Hermes, dessen Stoff allerdings zur Anwendung solcher Prädikate von vornherein Anlass gab. So finden wir v. 13. a. πολύτροπος ein Beiname, den bekanntlich der ihm verwandte Heros Odysseus auch führt; v. 155 ποικιλομήτης „voll mannichfaltigen Rathes"; diesen Namen führt Odysseus ebenfalls Od. 13. 293; v. 282. ἠπεροπευτής. Nach C. p. 247 ist dies Wt. von ἦπερ = skt. apara „anders" und W. Γεπ „reden" abzuleiten; also bedeutet es „der anders redende" und drückt die Ansicht des Achilles von Odysseus aus Il. 9. 313 ὅς χ᾽ ὅτερον μὲν κεύθῃ ἐνὶ φρεσὶν, ἄλλο δὲ εἴπῃ, den er damit einen doppelgängigen Heuchler nennt.

v. 282. δολοφραδής „der List ersinnende"; ähnlich

v. 405. δολομήτης „verschmitzt", wie auch Odysseus oft genannt wird;

v. 389. heisst er geradezu κακομήδης „auf Böses sinnend."

Seine ethische Doppelnatur bezeichnet ausdrücklich das Prädikat

b. v. 13. αἱμυλομήτης (einige Hschr. lesen l. c. μητον, nach Ruhnken -μυθον) ein ἅπαξ εἰρημένον.

οἱμύλ-ο-ς vom St. αἱμ = ἅμ in ἅμα; aus dem durch ι verlängerten Stamme erklärt sich das lateinische sim in simul etc., so dass αἰμύλ-ο-ς dem lat. simil-i-s entspricht. Gehen wir von der W. ἅμ aus, so ist αἱμυλομήτης „der doppelsinnige", ähnlich der Bedeutung von πολύμητις „der vielsinnige." Wahrscheinlich ist im archaischen Wort αἱμυλομήτης ebenfalls wie in διάκτορος, κάτοχος eine ältere sinnliche Bedeutung zu suchen. Diese erhalten wir mit „Doppelmesser", leiten wir den 2. Theil des Wt. μή-τη-ς ab von W. με = messen; ein Begriff, der mit den Beziehungen des H. zu Tag und Nacht zu verbinden wäre, oder seine Doppelnatur als Gott des Sonnenauf- und untergangs bezeichnete: der Sonne Auf- und Niedergang ist ja der Zeitmesser von jeher. αἱμύλος kommt aber auch ohne Zusammensetzung vor, so von Odysseus αἱμυλώτατος: Soph. Ai. 381, so dass -μητης erst hinzugetreten sein könnte, wie αἕμυλος ethisirt wurde, um die ethische Natur des Wortes stärker hervorzuheben. αἱμύλος bezeichnete denselben Begriff, wie das lateinische geminus (mit dem es auch lautlich urverwandt zu sein scheint) beim Janus geminus, der ja diesen Beinamen ebenfalls als Gott des Sonnenauf- und untergangs erhielt; cf. Macrob. 1. 9. 9. So gibt uns das Wort αἱμυλομήτης ganz oder in seinen Bestandtheilen betrachtet höchst wahrscheinlich den Uebergang von der sinnlichen Bedeutung des Hermes zum Anfange seiner ethischen Idealisirung und seiner Auffassung als rein geistiges Wesen. Auch πολύτροπος, das v. 13 mit αἴμ. verbunden erscheint, muss ursprünglich materielle Bedeutung gehabt haben „der sich vielfach wendende = umkehrende". Es bezeichnete also auf H. angewandt das tägliche Umkehren der Sonne beim Auf- und Niedergange, bis sich dieses Wort ebenfalls wie αἴμ. durch Metapher ethisirte und zur Bezeichnung geistiger Gewandtheit und Eutrapelie wurde; cf. C. p. 427.

Aus diesen Elementen der Doppeldeutigkeit (αἱμυλομήτης), Wandelbarkeit (πολύτροπος) bildete sich unterstützt durch den aus dem Begriffe der Nacht (νύχιος) hervorgehenden der Verborgenheit das Epitheton des H.

c. δόλιος.

Soph. Philoct. 133: Ἑρμῆς δ' ὁ πέμπων, δόλιος, ἡγήσαιτο νῷν.

P. 7. 27. 1. wird in Pellene ein altes Hermenbild des H. δόλιος mit dem die physische Natur andeutenden verhüllenden πῖλος erwähnt. Als δόλιος ist er auch μηχανιώτης = „voll Kunstgriffe"; H. H. v. 436.

Der Beiname κλεψίφρων H. v. 413 ist ebenfalls im Zusammenhange mit δόλιος zu erklären. Wenn wir auch nicht, wie bei Prell. gr. M. I. p. 327 geschieht, das Wt. wegen κλέ-πτ-ω ∾ cla-m, oc-cul-o direkt mit H. νύχιος in Verbindung bringen wollen, so doch vermittelst des in δόλιος liegenden Begriffes in indirekte, da κλέπτω — um auf die der Periode des Hymnus wahrscheinlich zunächst liegenden ältesten Schriftdenkmäler zurückzugehen — bei Homer und Hesiod noch nicht einen moralischen Fehler bezeichnet, sondern allgemein „heimlich und listig nehmen", „heimlich entrücken" bedeutet, so dass κλεψίφρων nur als ein variirter Ausdruck für *δόλιος, δολομήτης* etc. steht (cf. Il. 5. 268; von Hermes Il. 24. 24).

Wegen seiner Beinamen *δόλιος, κλεψίφρων* verbunden mit seinem Segenscharakter als *ἐριούνιος* wurde der Hermes *κερδῷος* so später Schutzpatron der Diebe, so dass diese Erscheinung uns nicht nur nicht auffallend, sondern mythologisch nothwendig vorkommen muss.

d. *ληϊστήρ*, H. H. v. 14, leitet sich, wenn es nicht mit speziellem Bezug auf den Hauptinhalt des Mythus steht, eine Annahme, der jedoch die übrigen Epitheta ausser *ἐλατὴρ βοῶν* widersprechen, — abgesehen davon, dass auch dieses ein älterer mythologischer Beiname des H. sein möchte, zu dessen Erklärung erst der ausführlich uns vorliegende Mythus mit erfunden sein würde; dafür scheint wenigstens zu sprechen, dass *βοῶν* nicht zu *ληϊστῆρα* gesetzt ist, sondern zu *ἐλατῆρα* dem blossen „Treiber, Lenker der Rinder", nicht „Dieb" derselben — mit abermaliger Variation des ursprünglichen *δόλιος* mythologisch ab von *κλεψίφρων* und bedeutet „der Beutemacher". (Das oben behandelte *λάτρις* kommt zwar von derselben W. *λα-*, ob aber von derselben mythologischen Grundanschauung lässt sich aus Mangel an genügendem Material — nur 2 Stellen — nicht weiter verfolgen). Einerseits hängt also dies Prädikat mit *δόλιος* und *κλεψίφρων*, andrerseits mit *ἐριούνιος* und *κερδῷος* zusammen.

Der ethischen Bedeutung des H. *δόλιος* etc. entsprechend sind auch die Gaben, mit denen er bei Hesiod die Pandora ausstattet: Op. v. 67

ἐν δὲ θέμεν κύνεόν τε νόον καὶ ἐπίκλοπον ἦθος

(wo besonders der „hündische Sinn" auffallen muss); ähnlich v. 78

ψεύδεά θ᾽ αἱμυλίους τε λόγους καὶ ἐπίκλοπον ἦθος.

Dass H. auch *φέναξ* „Lügner" hiess, scheint blos eine Vermuthung Gerhard's zu sein gr. M. 268. 1. Wegen seiner *αἱμύλιοι λόγοι* hat er aber H. v. 317 den Namen *ψιθυριστής*; Aristoph. Plut. 1157, Demosth. 59. 39 (hier Name einer Hermensäule in Athen). *ψιθυρο-ς* geht nach C. p. 482 aus W. *ψυθ-*, in *ψύθος*, Nebenform von *ψεῦδος*, bei Aesch. Agam. 465 noch erhalten, hervor. Für den Begriffsübergang ist von Bedeutung Soph. Ai. 148: *τοιούσδε λόγους ψιθύρους πλάσσων*, wozu die Scholien erklären: *πρὸς ἓν ἕκαστον ἐξαπατῶντος λάθρᾳ*. Der Grundbegriff von *ψιθυριστής* ist also der des heimlichen, verleumderischen Zischlers; also ebenfalls eine Vorstellung von H., die sich an ihn als *νύχιος, δόλιος* und *κλεψίφρων* anlehnt.

Zu bemerken ist hier noch, dass dies Lügen und Stehlen, zu dem aber die Götter selbst den Hermes anreizen Il. 24. 24, den Griechen nicht als ein Widerspruch zu des Gottes sonstiger, stets im Vordergrunde stehender *ἀγαθοδαιμονία* als *ἐριούνιος* erschien. Im Gegentheil: bei der scharf ausgeprägten Vorliebe des Griechen für auf merkantilen Verhältnissen ruhenden Gewinn und Vortheil erschien dem Hellenen dieser Charakterzug des Gottes als besonders liebenswürdig, und wie die Lieblingsfigur im Epos Odysseus war, so im Olymp Hermes. Damit ist die mythologische Ausbildung dieses Zuges zu erklären, der uns später hinüberleitet zum römischen Mercurius; cf. Hor. od. 1. 10. 7 f., Od. 19. 396.

Ausserdem waren in den älteren Zeiten überhaupt die moralischen Begriffe noch nicht streng geschieden (vgl. die Ueberlebsel davon in der Sitte der Spartaner das Stehlen als eine besonders für Knaben empfehlenswerthe Uebung zu treiben und zu pflegen); in der diebischen Gewandtheit zeigt sich nach Ansicht der Griechen die Gewandtheit überhaupt, wie im Lügen speziell die Gewandtheit im Reden: so kann aus dem *δόλιος* der *λόγιος* sich entwickeln.

11. *λόγιος. μαστήριος. ἑρμηνεύς.*

Wie *Αὐτόλυκος* (Selbstleuchter), nach P. 8. 4. 6 etc. Sohn des Hermes, Grossvater des Odysseus, nach Od. 19. 395 alle Menschen an Schlauheit und Gewandtheit übertraf, Schwarz in Weiss verwandeln konnte und so, ursprünglich ebenfalls Ausdruck für eine Lichtphase, ethisirt den Begriff der Listigkeit in sich concentrirte, eine Eigenschaft, die in seinem Enkel dem *πολύτροπος, πολύμητις* mit seinen *αἱμύλιοι λόγοι*, noch mehr hervortritt, so dass er unter dem bedeutungsvollen Beistand der Athene als der diplomatische Sophist unter den Gestalten der Ilias erscheint, und bei den Griechen als Vorbild schlauer Redekunst galt, so entwickelte sich aus dem gewandten, listigen Wesen des Hermes *δόλιος* die höhere Potenz, die Idealisirung des diebischen Schelms im Hymnus, der *λόγιος*. Vom Gotte des Zwielichtes, dem Mittelgliede zwischen Licht und Finsterniss, der an beiden Erscheinungen gleichen Theil hat, konnte er auch direkt wegen der sophistischen Zweideutigkeit der Beredtsamkeit, der Kunst „diejenigen Vorstellungen im Menschen zu erwecken, die ihm wünschenswerth sei zu erwecken" (Ott. Müll. gr. Lit. p. 314) d. h. der Kunst aus Schwarz Weiss zu machen, zum λόγιος potenzirt werden, da ihm, wie seinem Sohne, in materiellem Sinne diese Kunst der Verwandlung eigenthümlich war; cf. Prell. gr. M. I. p. 319. 2. Doch obwohl sich diese ihm eigenthümliche Kunst in einzelnen Zügen auch in äusserlicher Symbolik erhalten hat, so in seinem halbweissen, halbschwarzen Helm etc., so ist wegen des analogen Beispieles des Odysseus und des leichter zu vermittelnden Ueberganges die Ableitung des λόγιος auf indirektem Wege vom δόλιος vorzuziehen, so dass der H. λόγιος als eine höhere Fortentwicklung des in δόλιος liegenden Begriffes anzusehen ist.

Als Vorstufe und Bindeglied zwischen den beiden Begriffen betrachten wir das Prädikat μαστήριος: Aesch. Suppl. 868. μαστήριος ist nach C. p. 292 mit μάσσω „tasten" (zur W. μα-, μαν- gehörig) in Verbindung zu bringen, und bedeutet „der Suchende", „der Forscher." Dass in den Supplices der egyptische Herold den Hermes anruft, thut der Gräcität des Beiwortes keinen Eintrag, da der Basilius im nächsten Verse bemerkt:

θεοὺς ἐνίπτων τοὺς θεοὺς οὐδὲν σέβει,

und die *θεοί,* die er blos der Täuschung halber nennt, in specie Gott Hermes, griechisch sein mussten. Ausserdem ist die Stelle ein Beweis dafür, dass schon in der Aeschyleischen Periode die Identificirung des griechischen H. mit dem egyptischen Thot eingetreten ist, sonst wäre v. 870 nicht verständlich, wo der Herold seine Religion offen bekennt und dem Basileus die irrthümliche Anschauung nimmt, als ob er auch nur formell v. 868 den griechischen H. gemeint hätte, dessen Beiwörter aber doch griechischer Anschauung homogen sein mussten, sonst hätte der Basileus ihm nicht den Vorwurf der Heuchelei durch blosses Nennen der Namen griechischer Götter machen können.

Als a. *λόγιος,* der höchsten idealen Entwicklung seines Wesens, war H. Gott der Redner und Philosophen, ὁ λογιώτατος θεῶν ἀπάντων Ael. Gall. 2, und auch in dieser Idealisirung Nebenbuhler des Apollo, dessen Rival er ja auch auf der sinnlichen Stufe des Sonnengottes ist, so dass die Gleichförmigkeit und Aehnlichkeit dieser Entwicklung auf materiellem und geistigem Gebiete auf die materielle Aehnlichkeit der Grundidee schliessen lässt, von der aus beide Göttergestalten sich analog entwickelten.

Horaz drückt den Begriff *λόγιος* durch facundus aus od. 1.10. 1.

Da er schon als κῆρυξ, als αἰπύτης Gott der Stimme ist, wird er jetzt auch hier potenzirt zum Gott der Sprache als b. ἑρμηνεύς. Deutlich spricht dies Horaz aus od. 1. 10. 2f.:

qui feros cultus hominum recentum
voce formasti catus,

wo vox = ἑρμηνεία steht, und H. catus = acutus als λόγιος und ἑρμηνεύς heisst.

Das Prädikat in seiner Bedeutung ist klar, doch wie bei Hermes und ἕρμα etc. stehen wir auch hier vor einer grossen Schwierigkeit, die in der „vraie nature du rapport, qui unit le mot Hermès avec les mots comme ἑρμηνεύω, ἑρμηνεία" liegt, wie Michel Bréal bei M. Müller L. II. p. 575 sich ausdrückt. Pott leitet das W. ἑρμηνεύς nach C. p. 324 vom Namen des Hermes ab. Curtius hat Zweifel von derselben Betrachtung ausgehend, wie bei der Ableitung des Wt. janus vom Gotte Janus.

Einen Anhaltspunkt möchte vielleicht bei der Entscheidung über den Zusammenhang von ἑρμηνεύς mit Hermes, worüber beide genannte Forscher nicht einig sind, das erste Auftreten und die nähere Betrachtung der Bedeutung des Wortes geben. ἑρμηνεύς, von dem die Wörter ἑρμηνεία, ἑρμηνεύω, ἑρμήνευμα, ἑρμήνευσις, ἑρμηνευτής, ἑρμηνεύτρια, ἑρμηνευτικός abgeleitet sind, kommt zuerst bei den Zeitgenossen Pindar und Aeschylus vor:

Pind. Ol. 2. 153. ἑρμηνέων χατίζει.
Aesch. Agam. 616. τοροῖσιν ἑρμηνεῦσιν.
„ „ 1062. ἑρμηνέως ἔοικεν ἡ ξένη τοροῦ δεῖσθαι.

In Prosa kommt das Wt. zuerst vor Her. 2. 125. 154. 164 in der Bedeutung „Dollmetscher."

Da nun diese drei Männer Pindar, Aeschylus, Herodot ziemlich gleichzeitig sind, ja sogar die betreffenden Abschnitte bei den beiden letzten fast in derselben Zeit geschrieben wurden (die Orestie, nach Ott. Müller gr. L. p. 101, 458 aufgeführt, Herodot um 454 in Egypten, wo er die ἑρμηνεῖς traf; cf. A. Schäfer: „Abriss der griech. Quellenkunde" p. 21), und auch der Zeitpunkt der olympischen Oden, mit denen Pindar auf dem Höhepunkt seiner Kunst stand, sich damit nach Ott. Müller gr. L. p. 413 ziemlich deckt (nach Heyne's Ausgabe von Pindar fällt der Sieg des Theron, den der Dichter in der 2. olympischen Ode besingt, in die 77. Olympiade, also wäre demnach die Abfassung des Gedichtes um circa 470 zu setzen), so wäre damit ein gleichzeitiges Auftauchen dieses Wortes in den verschiedenen Zweigen der Literatur zu constatiren.

Für die Bedeutung von ἑρμηνεύς ist ausser dem Zusammenhange und dem aus späteren Stellen zu entnehmenden Begriffe das Attribut τορός massgebend, da dies an den zwei Stellen gebraucht wird, wo ἑρμ. überhaupt bei Aeschylus vorkommt, also signifikanter Natur zu sein scheint.

τορός von W. τερ- nach C. p. 209 heisst „durchdringend" und wird von Ohr, Stimme, Rede gebraucht, also „scharf, laut, verständlich" (es ist ganz dieselbe Bedeutungsentwicklung wie bei catus = acutus bei Hor. od. 1. 10. 3).

An den ersten Stellen, wo ἑρμηνεύς vorkommt, ist nun ein Wort für „Ausleger, Erklärer" nothwendig; also wäre dann τορὸς ἑρμηνεύς ein lauter, verständlicher Erklärer, und entweder würde dann τορός den Begriff von ἑρμηνεύς intensiver machen, oder zum geistigen Begriffe „der Erklärer" den sinnlichen der lauten, deutlichen Stimme hinzufügen: in beiden Fällen muss τορός dem ἑρμηνεύς homogen sein.

Was nun die Bedeutungsentwicklung des W. ἑρμηνεύς selbst anbetrifft, so muss es wie τορός und acutus, wie alle Wörter mit geistiger Bedeutung, vom Sinnlichen ausgegangen sein; nach Analogie genannter Wörter und nach Betrachtung der Wörter, von denen aus sich überhaupt der Begriff des Interpretirens entwickeln kann, sind nur zwei Möglichkeiten vorhanden. Nach der ersten heisst ἑρμηνεύς „der, welcher eine Sache klar, hell macht", so dass ἑρ. genau dem deutschen „Erläuterer" entspricht, sofern auch „läutern, erläutern" ursprünglich sinnlich, zum Ausdrucke geistigen Klarmachens erst später verwandt wurde, und „lauter" und seine Composita nur vom Lichte ursprünglich gebraucht werden (Weigand. d. Wt.buch II. 21).

Die andere Möglichkeit ist die, dass sich die W. von ἑρμ. auf die Intensität des Schalles, der Stimme bezieht, d. h. = „der die Stimme laut erschallen lassende", also „der Laute" (= κλυτός, wie H. auch heisst, inclitus, hlût), „der Ausrufer."

Da nun die spätere Bedeutung von ἑρμ. zwischen Dollmetscher = „Erläuterer" und Herold = „lauter Ausrufer" schwankt, und naturgemäss nur diese beiden Begriffsableitungen bei dem Wt. denkbar sind, so müssen wir eine Etymologie suchen, deren W., wie die deutsche W. hlût zu „laut" und

„lauter" sich entfaltete, ebenfalls wo möglich beide Begriffe aus sich entwickeln lässt.

Etymologisch kann nun ἑρμηνεύς entweder auf einen aus 2 Wurzeln zusammengesetzten Stamm, oder auf einen durch Suffixbildung verlängerten zurückgeführt werden, d. h. entweder ist ἑρ-μην-εύς oder ἑρμ-ην-εύς abzutheilen.

Nehmen wir in μην bei der 1. Abtheilung dieselbe W. wie in μην-ί-ω (C. p. 291) „kund machen" an und ziehen ἑρ zur W. von ἕρμα, εἱρμός etc., welche „die Verbindung" bezeichnet (C. p. 330), so hätten wir mit Rücksicht auf die Personalendung ευς die Bedeutung:

„der die Kundmachung vermittelnde" = Dollmetscher.

Doch lässt sich dagegen einwenden:

1. Die unverbundene Nebeneinanderstellung der W. ἑρ und μην.

2. Die Beobachtung, dass die Wt. auf ευς gewöhnlich von Adjektiven oder Substantiven abgeleitet werden (cf. C. p. 558) als Erweiterung von Stämmen auf -ο-ς; Buttmann gr. Gr. §. 119. 11. 2.

Käme ἑρμηνεύς von einem Verbum auf έω, so müsste doch eine Spur davon erhalten sein; wir haben aber nur ἑρμηνεύω.

Da andere Wurzeln bei der 1. Abtheilung kaum möglich sind, bleibt uns nur die zweite Zerlegung, wornach ἑρμ-ην-εύς sich direkt von Ἑρμῆς gebildet haben würde. Das einfachere ἑρμεύς konnte nicht gebildet werden: 1. wegen der geringen Differenz der Wt. Ἑρμῆς und ἑρμευς in diesem Falle; 2. weil der Stamm von Ἑρμῆς Ἕρμει — lautet.

Zur Ableitung wurde entweder blosses formales ν oder das Suffix αν (C. p. 614) angewandt; also erhielten wir ἑρμ-ει-(α) ν-ευς, durch Contraktion in beiden Fällen ἑρμ-ην-εύς.

Die Bedeutung betreffend, so drückt das Suffix αν die Beziehung auf die W., hier Hermes aus, also: „ein Mann des Hermes, ein Mann wie Hermes."

Da nun in der Periode der Bildung des W. ἑρμηνεύς im 5. Jahrhundert die Funktion des H. als Götterbote alle übrigen im hellenischen Griechenland (im Gegensatze zum pelasgischen Arkadien etc.) in den Hintergrund gedrängt hatte, so ist „ein Mann wie H." einer, der den Verkehr unter den Leuten durch Reden, Erklären, Dollmetschen vermittelt = Ausrufer, Erläuterer, Dollmetscher. Auf diese Weise werden ungezwungen die verschiedenen Bedeutungen des Wt. ἑρμ. erklärt; ihre Basis ist die Vermittlerrolle des Hermes, daher auch die etymologische Ableitung. M. Bréal dürfte diese Erklärung des „rapport" genügen. Später wurde diese ursprüngliche engste Beziehung zwischen Ἑρμῆς und ἑρμηνεύς vergessen, so dass sogar dieses Wt., ein etymologischer Ausfluss der Thätigkeit des Götterheroldes Hermes, ihm selbst in entwickelter geistiger Bedeutung als signifikanter Beiname beigelegt wurde vermittelt durch das Epitheton λόγιος. Noch später wird in Anknüpfung an den Beinamen „Hermeneut" durch mystisch-philosophische Ausdeutung und Zusammenschweissung mit dem ähnlichen egyptischen Thot der ἑρμηνεὺς κατ' ἐξοχήν zum νοῦς und λόγος, d. h. zum allgemeinen Lebensprincip: Beziehungen, durch die der griechische Gott Hermes die Selbstständigkeit und Originalität seiner Individualität vollständig verlor, und sein Name zu einem theosophischen Symbol wurde; cf. Ἑρμῆς τρισμέγιστος.

So war die höchste philosophische Entwicklung der Grundidee des Hermes zugleich der Grund des Unterganges seiner Persönlichkeit in pantheistischer Mystik und theosophischen Phantasmen.

Was schliesslich die allgemeinen Bedenken von Curtius wegen Ableitung von ἑρμηνεύς vom Namen Ἑρμῆς betrifft, dass er keinen in dieser Weise verwandten Stamm wisse, so ist zu erwägen:

1. dass Hermes überhaupt ein Wesen ist, das wegen seiner bestimmten Stellung im Götterkreise, die keinen Stoff für Mythenbildung mehr gab, am leichtesten zum Ausdrucke für eine allgemeine Idee genommen werden und so einen Stoff zur Wortbildung durch seinen Namen liefern konnte;

2. dass H. Gott der Rede und geistigen Vermittlung als λόγιος ist; da es aber später an einem entsprechenden Wt. zum Ausdrucke für geistige Vermittlung fehlte (κηρύσσειν blieb stets auf der sinnlichen Stufe stehen), bot sich dem plastischen Sinne

des Griechen am einfachsten der Name des Hermes, in dessen Wesen sinnliche und geistige Vermittlung zugleich lag, zur Bildung eines Wt. dar, das so zugleich ebenfalls beide Seiten des Verkehrs ausdrücken konnte;

3. dass wir noch andere Beispiele haben, wo sich das spezifische Wesen eines Gottes in einem vom Namen desselben abgeleiteten Worte manifestirte; so:

Ἴακχος, ἰακχέω, ἰακχεύω (∾ ἑρμηνεύω), ἰακχάζω; Bacchus, bacchari etc.

12. χαρμόφρων, χαριδώτης, ἡγεμὼν Χαρίτων. Wie sich H. als λόγιος zum Idealbild unter den Göttern der Redner und Philosophen, zum Beschützer der ganzen Literatur entwickelte, so wurde er begabt mit diesen drei Beinamen mit den Chariten in Verbindung gebracht, welche die Bedeutung der anmuthsvollen Grazie im Leben der darauf angelegten Hellenen hervorheben, und als ihr Führer erhielt er wie der Musaget Apollo, sein Rival, im Gebiet der Künste eine ähnliche Stellung, wie als λόγιος und ἑρμηνεύς in der Wissenschaft.

Am frühesten kommen diese drei Beinamen in dem Hymnus vor, wo wir schon öfters naturgemäss auf archaische Namen gestossen sind, und es fragt sich also wieder hier, ob diese mit der W. χαρ- zusammenhängenden Namen in der späteren Bedeutung wie bei χάρ-ις „Anmuth" mit dem ἐριούνιος in Verbindung zu bringen sind, oder ob sie, wie wir schon bei andern Namen gefunden, hier im Hymnus als Ueberlebsel einer früheren rein sinnlichen Anschauungsweise betrachtet werden müssen.

Wichtig möchte bei Entscheidung dieser Frage die Stellung von a. χαρμόφρων H. H. v. 127 sein, wo die Rede von der Opferung der zwei Rinder ist:

αὐτὰρ ἔπειτα
Ἑρμῆς χαρμόφρων εἰρύσατο πίονα ἔργα.

Hier wird also χ. in Verbindung gebracht mit den „fetten Werken." Legt man überhaupt Werth auf die Verbindung der Epitheta mit dem Zusammenhang, so sieht man, dass die landläufige Erklärung „herzerfreuend" hier gar keine Beziehung zum Ganzen hat; betont man dagegen die Herkömmlichkeit und desswegen die Erstarrung solcher Beiwörter, so hat gleichwohl χ. = „herzerfreuend" eine viel zu enge Bedeutung, ja einen fast sentimentalen Anstrich, um in diesem Sinne im Hymnus, wo alle

Beinamen konkrete Verhältnisse zur Unterlage haben, glaublich erscheinen zu können.

Auch die Ableitung von χάρμη „Kampf", also „kampflustig" erscheint unpassend, weil man dies Prädikat am wenigsten auf H. anwenden kann.

Bringen wir aber das Wt. mit der ganzen Situation in Verbindung, und ziehen wir in Betracht, was M. Müller L. II. p. 347–353 über harit, χάρις etc. sagt, so ist das passendste, wir leiten χαρμόφρων von der W. χαρ. ab, welche den Fettglanz bedeutet, und χ. wäre „der sich am Fettglanze freuende". (C. p. 188 leitet χάρμα ebenfalls. von der W. χαρ = sk. ghar „glänzen" ab.)

So entspricht dieser Name einerseits der speziellen Situation χαρμόφρων — πίονα ἔργα, andrerseits hängt er auf's engste mit der Grundidee des Lichtgottes H. διάκτορος zusammen.

Da χάρις mithin nach M. Müller „Fettglanz", nach Curtius und Sonne „Glanz" bedeutete, also als gemeinsamen Begriff alle Forscher den des Glanzes annehmen, so möchte daraus sich auch der ursprüngliche, dem Wesen des H. homogene, Sinn von b. χαριδώτης ableiten lassen.

H. H. 18, 12: χαῖρ᾽ Ἑρμῆ χαριδῶτα, διάκτορε, δῶτορ ἐάων. Stände hier χαριδώτης = ἐριούνιος, so wäre H. wegen δώτωρ ἐάων in dieser Eigenschaft doppelt bezeichnet, nehmen wir aber χάρις in seiner ursprünglichen Bedeutung „Glanz", so ist H. in diesem Verse nach 3 Richtungen hin charakterisirt:
1. nach seinem potenziellen Wesen als διάκτορος;
2. „ „ aktuellen „ „ χαριδώτης;
3. nach seiner utilitarischen Stellung für die Menschheit als δώτωρ ἐάων.

Die Stellung von χαριδώτης „dem Glanzverleiher" erklärt sich aus dem beabsichtigten Wortspiele mit χαῖρε und χαριδώτης. Dasselbe wie χαριδώτης drückt der Vers in der Odyssee 15. 320 aus: χάριν καὶ κῦδος ὀπάζει.

Was sollte hier die χάρις = „Anmuth" beim Feueranmachen, Brennholz nehmen und braten? Wenn der Vers überhaupt mehr als phraseologischen Werth hat, muss sich doch χάρις auf die Dienste beziehen, die H. leisten will, und desshalb wird hier χάρις „Feuerglanz" am besten bedeuten.

Was soll ferner die χάρις „Anmuth", die dem H. im H. H. v. 575 von dem Kroniden verliehen wird? Die Eigenschaften,

Beinamen, Handlungen sind im Hymnus viel zu materiell, um gerade hier einen so feinen geistigen Zug annehmen zu sollen, wie dass H. dem Zeus die Anmuth verdanke. χάρις ist hier ebenfalls der Glanz, den er als χρυσόρραπις (H. H. v. 539), als Bruder des Sonnengottes Apollo, besitzt.

Für die Auffassung von χάρις = „Glanz der Sonne" zeugt schliesslich auch des H. Name c. ἡγεμὼν Χαρίτων (Aristoph. Pac. 456, Plut. de aud. poët. 13, Eudoc. p. 153). Die Chariten, die ursprünglich in besonderer Beziehung zu den Lichtgöttern Zeus, Apollo, Eros, Helios, Hephaestos stehen (cf. Gerh. gr. M. p. 572), sind desshalb ihrem ursprünglichen Wesen nach auch mit dem solaren Gotte Hermes in enger Verbindung.

Hätte auch M. Müller nicht die Identität der Charis mit der glänzenden Morgenröthe vom vergleichenden Standpunkte aus bewiesen, so müssten wir auf ihr Lichtwesen doch schliessen:
1. aus ihrer Verbindung mit den genannten Göttern;
2. speziell aus den Beziehungen der Charis Aglaia zu Hephaestos; H. 18. 382, Hs. Th. 2. 945;
3. aus dem Namen der Ἀγλαίη = Αἰγλαία von αἴγλη = „Glanz" (desshalb Aigle Mutter der Chariten nach P. 9. 35. 5);
4. aus dem Beiwort der Aglaia Il. 18. 352 λιπαροκρήδεμνος „mit glänzendem Schleier" (λιπαρός eigentlich „fettglänzend" hat sich später wie χάρις vergeistigt).

Wie also Apollo, Gott der strahlenden Sonne, der Bruder des Hermes, Führer der Chariten ist, so hat auch H., Gott der Morgensonne, den Beinamen ἡγεμὼν Χαρίτων. Die Chariten sind ursprüglich Personificationen der ersten einzelnen Sonnenstrahlen, und H., Gott der Morgensonne, ist desshalb ihr Haupt, ihr Führer; sein Gefolge bilden die Sonnenstrahlen.

Später als χάρις = „Anmuth", und die Chariten die Gottheiten der Grazie geworden waren, musste auch der Führer der Chariten seine Bedeutung ändern; H. wurde als der Grazien Führer zum Gotte der Anmuth, zum Repräsentanten des Schönen in Kunst und Poësie, und desshalb kam ihm wie Apollo die Lyra zu (cf. H. H. an verschiedenen Stellen v. 17. v. 40—54).

Schlussbemerkung.

Die Entwicklung des Hermes von der solaren Grundidee aus ist schon durch die ganze Betrachtung gegeben; zur Uebersicht der überhaupt in ganz Griechenland vollzogenen Evolution der Grundidee des Gottes und zugleich zur Illustration des so gut auf dem Gebiete der Mythologie, wie auf dem der Naturwissenschaften, der Sprachbildung, der Geschichte, des menschlichen Denkens überhaupt (cf. Ausland. 1873. 35 „neue kulturgeschichtliche Forschungen") wirkenden Gesetzes, dass scheinbar unterbrochene Entwicklungsformationen stets durch Zwischenglieder vermittelt werden, dass „scheinbar disparate Phänomene durch eine fortlaufende Kette" nach dem Gesetze der Causalität nothwendig existirender Zwischenstadien verbunden sind, geben wir folgende Tabelle. Es ist dabei zu bemerken, dass unterstrichene Beinamen sich vom materiellen zum immateriellen Begriffe entwickelten; die Verbindungslinien deuten Ableitung und Zusammenhang einzelner Epitheta an; wenn von στροφαῖος und ὅδιος zwei Linien zu den zwei sinnlichen sich ergänzenden Erscheinungen des Gottes laufen, so deuten diese an, dass, wie oben ausgeführt, der Begriff des ὅδιος von der Idee des H. als Himmelspförtner, als Gott des Sonnenauf- und -unterganges abzuleiten ist etc. Alle Beinamen sind nicht in der Tabelle aufgezählt, nur die hauptsächlichsten sind davon erwähnt; die Nummern 1—12 verweisen auf die im Texte oben stehenden Abschnitte.

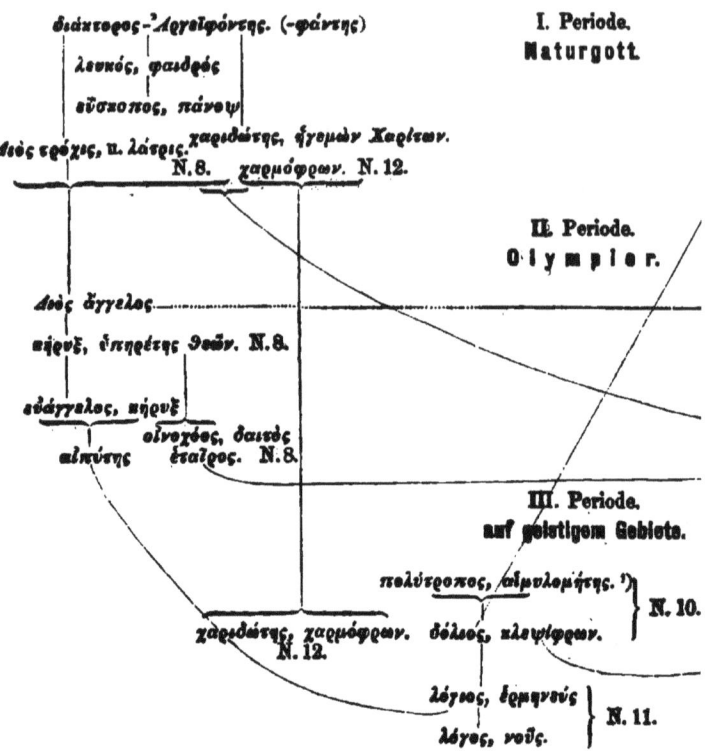

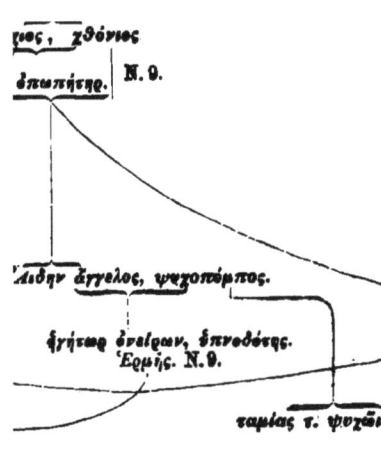

1. allgemein. δώτωρ ἑάων, ἐριχθόνιος, ἀκακήσιος N.1
2. Landbau. Τροφώνιος, πολύγιος, κριοφόρος. N. 2.
3. Heerden. νόμιος. N. 3.
4. Reichthum. χρυσόρραπις. N. 4.
5. Handel u. Verkehr. κερδῷος, ἀγοραῖος. N. 5.
6. Seewesen. θαλάσσιος, ἐπάκτιος. N. 5.
7. Strassenwächter. στροφαῖος, ὅδιος. N. 7.
8. Grenzwächter. ἐπιτέρμιος. N. 7.
9. Jagd u. Krieg. ἡγεμόνιος, φίλιος. N. 7.
10. Wettkämpfe. ἀγώνιος. N. 7.
11. Patron der Palaestra. κουροτρόφος. N. 2.
12. Patron der Diebe. κλεψίφρων. N. 6.

Berichtigungen.

S. 13 1. Z. lese für dieser Glosse — der Glosse bei Hes.
S. 15 Z. 8 v. o. l. f. Ἑρμῶ — Ἑρμῶ.
S. 18 Z. 4 v. u. setze vor Shabo ein — nach.
S. 25 Z. 8 v. u. l. f. Ἀργεϊφόντης — ἀργεϊφόντης.
S. 30 Z. 9 v. u. l. f. Ranga — Ranges.
S. 33 u. ff. l. f. ἀργειφόντης — ἀργεϊφόντης.
S. 35 Z. 17 v. o. l. f. bot — boten.
S. 37 Z. 7 v. o. l. f. Ἀργειφόντης — ἀργεϊφόντης.
S. 45 Z. 13 v. o. l. f. unterganger — unterganges.
S. 48 Z. 3 v. o. l. f. βασιλεύς — βασιλεύς.
S. 49 Z. 22 v. o. l. f. δίσποϑ — δίσποϑ'.
S. 55 Z. 8 v. u. l. λόγοι — H. H. v. 317 — hat er aber den Namen etc.
S. 57 Z. 19 v. o. l. f. Basilius — Basileus.
S. 61 Z. 8 v. o. l. f. Ερμῆς — Ἑρμῆς.